페멘 선언

페멘 지음
길경선 옮김

페멘 선언

FEMEN: manifeste

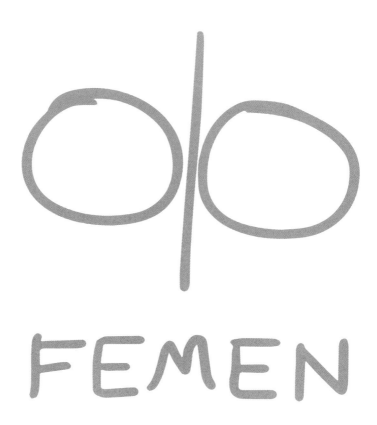

꿈꾼문고

차례

상징
—

일러두기

1. 번역은 2015년판을 저본으로 하되, 이후 새롭게 추가 · 수정된 사항을 적용한 개정판을 참조했습니다.
2. 원문의 이탤릭체가 강조의 의미일 경우 고딕체로 표기했습니다.
3. 본문의 각주는 옮긴이의 것입니다.

투쟁 중인 모든 우리 자매들에게.

이제 더 이상 자기 다리 사이의 성기를
결코 수치스러워하지 않고
정의롭고 평등한 세상을 만들기 위해 투쟁해야 할
새로운 세대의 여성들에게.

폭력, 불평등, 탄압, 모욕, 불의에 맞서 일어선
전 세계의 모든 이름 없는 영웅들에게.

거부로, 외침으로, 이미지로, 말로, 행동으로
저항하는 여성들에게.

고개를 들고, 가슴을 펴고, 주먹을 높이 치켜든
모든 여성들에게.

자랑스럽고, 용맹하고, 의기양양한
우리 모두에게.

서문

소수의 여성 집단이 세상을 바꿀 수 있다는 사실을 의심하지 말라.

페멘 운동은 과격한 활동, 정치 지도자들과의 공격적인 맞대면, 수많은 반대자를 낳은 예기치 못한 돌발적인 출현으로 인해 국제적으로 알려지게 되었다.

민주주의와 자유의 적들, 우리의 사상을 왜곡하려 하는 자들, 그 사상의 가치를 가로채려는 자들, 혹은 그저 그 사상을 이해하지 못하는 자들에게 답하기 위하여 그리고 진실을 바로 세우기 위하여 우리는 이 자료를 발간하였다.

정치적 반론이자 이념적 자원이며 미래의 페멘 활동가들을 위한 지침서인 이 선언문을 통해 우리의 지지자들은 물론이고 반대자들도 우리의 의도를 더 잘 이해할 수 있게 될 것이다. 또한 이 책은 투쟁에 뛰어들 준비가 된 전 세계 모든 페미니즘 혁명가들이 애독하는 안티바이블이 될 수 있을 것이다.

행동은 생각 없이는 불가능하고, 생각은 행동 없이는 무용한 것이기에, 우리는 우리를 행동하게 하는 사상을 소개하고, 우리 본부를 움직이며 교육 과정에 열기를 불어넣는 수 시간에 걸친 논의 내용의 일부를 제공하여, 사람들이 우리의 슬로건 아래에서 이론을, 가슴 아래에서 열렬한 신념을 읽을 수 있게 되기를 바랐다. 우리가 때로는 자발적으로, 길거리에서, 집단적으로 무모하게 진행하는 전면 행동의 힘을 믿는 까닭은, 절대적이고 항구적이며 변질되지 않는 이념이 우리를 움직이기 때문이니, 바로 이 선언문에서 그 이념을 밝힐 것이다.

이 선언문을 통해, 우크라이나에서 시작되어 국제적으로 퍼져나간 지난 10년간의 우리의 투쟁과 실험에 의거하여, 투쟁이 어느 정도 진전된 이 시점에서 우리가 그동안 배운 것과 잊은 것을 종합해볼 것이다. 긴급히 이끌어야 할 투쟁에 전속력으로 뛰어든 우리는 이 짧은 휴지休止의 순간을 통해 이야기하고 전달하고 연합하고, 또한 아마도 각성시킬 것이다.

그동안의 활동을 통해 우리는 먼저 우리가 맞서 싸워야 할 가부장제적 제도들을 확인하고 그 목적과 도구를 이해할 수 있었다. 우리는 이 제도들이 여성들에게 행사하는 강제적인 힘에 얼마나 결탁되어 있는지 알 수 있었다. 그러나 우리는 또한 작은 촉발 요소, 추문의 폭로, 혹은 언론을 통한 평판의 위협 등이 이 제도를 동요시킬 수 있으며, 그것을 완전히 뒤흔들기 위해서는 더 많은 여성들이 가담하고 더욱 고집스럽게, 더욱 무모하게 행동하면 된다는 것을 깨달았다. 따라서 우리는 이 제도들을 파괴하기 위하여 우리 자신의 목표를 정의하고 우리 자신의 도구를 만들었다.

우리는 그들에게 대항할 수 있음을 알게 되었다. 정면으로 맞서서 말이다.

*

이 선언문은 페멘 인터내셔널 조직과의 긴밀한 공조를 통하여, 전 세계에 분포하는 우리 활동가들의 성찰과 경험을 토대로 만들어졌다. 이 선언문은 우리 운동의 역사와 이념, 전술을 소개하고, 목적을 정의하며, 적들을 규탄하고, 세계의 여성들에게 보내는 서한, 즉 페미니즘 혁명을 위한 호소로 마무리될 것이다.

우리는 이 선언문의 탄생과 작성에 기여한 모든 여성 동지들에게 진심으로 감사한다.

라라 알카사르, 솔렌 아수앙, 크세니야 체르니쇼바, 사라 콩스탕탱, 에스테르 들라마르, 엘비르 D. 샤를, 폴린 일리에, 안나 홋솔, 지젤라 페데아, 로르 페팽, 인나 셰브첸코, 마르그리트 스테른, 네다 토팔로스키, 제니 벤함마르.

그리고 영감의 원천이 되어준 독일, 벨기에, 브라질, 캐나다, 스페인, 미국, 프랑스, 베네수엘라, 체코, 이스라엘, 이탈리아, 멕시코, 네덜란드, 스웨덴, 터키, 우크라이나의 모든 페멘 활동가들에게 감사한다.

역사

운동의 탄생

2008년 우크라이나의 창립 멤버 안나 훗솔이 우크라이나의 섹스 관광과 성매매에 반대하는 투쟁을 시작한다. 그는 남성들에 의해 그리고 남성들을 위해 지배되는 국가, 즉 우크라이나에서 페미니즘 저항운동을 조직하고자 페멘을 창립한다. 안나는 옥사나 샤츠코, 사샤 셰브첸코, 이리나 세르비나, 예브게니야 크라이츠만과 같은 다른 학생들과 함께 키예프에서 거리 시위를 조직함으로써 여성들을 대상으로 이루어지는 성착취에 반대하는 운동을 개시한다. 2009년, 기자인 인나 셰브첸코가 페멘에 합류한다. 이후 그는 페멘 인터내셔널 조직의 리더가 된다.

 신생 저항 단체였던 페멘은 초기 시위에서 대중과 언론의 관심을 거의 받지 못한다. 기존의 저항 단체들이 이미 시도한 전통적 시위 방식은 여성주의 기치를 내건 단체에 잘 맞지 않았다. 페멘은 남성들의 거친 세계와 소통하기 위해서는 특수한 방식을 찾아야 한다는 사실을 깨달았다.
 페미니즘 이론보다는 우크라이나 사회에서 여성이 처한 고되고 모욕적인 환경에 더 큰 영향을 받던 초기, 페멘은 당시 우크라이나에서는 잘 알려져 있지 않았던 주제, 즉 여성의 권리를 드러내기에 효과적인 방법을 모색한다. 페멘의 여성주의는 단지 오랜 이론적 성찰로부터 나온 것만은 아니다. 페멘은 사회에 대한 분노와 직접 경험으로부터 탄생한 것이다.

 2010년, 다양한 이론을 섭렵한 페멘은 여성들이 입은 다물고 가랑이는 벌려야 하는 이 남성 지배 사회에 대한 분석과 이해를 시도하면서 억압적인 가부장제 체제를 뒤흔들 수 있는 무기를 재발견하기에 이른다. 그것이 바로, 가슴을 드러내는 반라 시위이다. 우리는 세계 여성의 역사를 통해 여성 나체를 평

화적이지만 강력한 저항의 무기로 사용하는 것이 오랜 역사를
지니고 있으며 지구상 곳곳에서 발견된다는 점을 알 수 있다.
나체 시위는 보편적인 저항의 방식이다.

초창기 상의 탈의 시위

2010년 12월, 가슴을 드러낸 다섯 명의 활동가들이 당시 우
크라이나 대선 후보이자 미래의 독재자인 야누코비치가 도착
하기 직전, 대선 투표장에서 기습 시위를 벌인다. 그들은 "국가
강간을 멈추라Stop raping the country"라는 플래카드를 흔들며, 곧
우크라이나에 닥칠 독재와 전쟁의 도래를 선언하고 예측한다.

그때부터 페멘은 폭넓은 대중의 관심을 끄는 데 성공하며,
국내외 언론이 페멘을 취재하기 시작한다. 그렇게 페멘은 빠
르게 구소련 국가들의 독재 체제에 맞서는 중요한 정치적 반
체제 집단이 된다. 이 운동은 국경을 넘기 시작하면서, 이웃 국
가인 러시아와 벨라루스에서 반라 시위 특공 작전을 수행하
게 된다.

국가의 탄압

2011년 12월, 페멘은 모스크바에서 첫 번째 시위를 감행한다. 구세주 그리스도 대성당 앞에서 "신이여, 왕을 쫓아버리소서God, throw away the King"라는 슬로건으로 푸틴의 정책에 반대하는 시위를 벌인 것이다. 몇 달 뒤, 러시아의 펑크록 그룹 푸시라이엇이 같은 성당에서 이 슬로건을 노래로 만들어 그 유명한 반反푸틴 기도회를 연다.

같은 달, 성性 극단주의자인 알렉산드라 넴치노바, 옥사나 샤츠코, 인나 셰브첸코는 루카셴코의 독재에 시달리는 벨라루스의 민스크로 건너가 수많은 정치 활동가들과 기자들을 상대로 벌어지는 투옥, 고문, 실종을 규탄하는 상의 탈의 시위를 벌인다. 루카셴코를 흉내 내며 민스크의 KGB 본부 앞에 반라의 모습으로 나타난 활동가들은 생각지 못한 탄압을 당하게 된다. 그들은 우크라이나로 돌아가는 길에 버스터미널에서 납치를 당했고, 이 사건을 보도한 기자들은 KGB 요원들에게 체포되어 구금된 뒤, 곧 국가에서 추방당했다. 밤 동안 화물차 안에 감금된 세 명의 활동가는 고문과 살해 협박을 받았으며 눈 내리는 새벽, 깊숙한 숲속에 버려졌다. 그들은 몇 시간을 걸은 뒤에야 한 마을에 당도하여 도움을 요청할 수 있었다. 페멘 운동의 역사에 큰 흔적을 남긴 이 사건은 그들을 두렵게 만들기는커녕 그 어느 때보다 더 단호한 의지를 심어주었다. 그 어떤 것도 동유럽에서 페멘 활동의 확장을 막을 수 없었으며, 활동가들은 굽히지 않고 수많은 체포와 형사소송에 맞섰다.

영향력이 점점 커지면서 페멘은 자신들의 이익을 위해 페멘을 이용하려는 다양한 정당, 기업, 언론의 관심을 받게 된다. 페멘은 심지어 조직 내에서의 가부장제적 통제 시도에도 맞서 싸워야 했다. 몇몇 창립 멤버들과 가까운 친구로서, 그때까지 활동가들에게 조언을 하고 도움을 주던 빅토르 스비아츠키는 조직의 통제권을 갖고자 했으며, 그룹의 향후 활동에 자신의 의지를 관철하고자 했다. 당시 심각한 갈등이 발생했고, 활동가들의 요구에 따라 빅토르는 그룹을 떠나게 된다. 바로 이때, 우크라이나 국내 조직으로서의 페멘의 역사는 막을 내리고 국제적 운동으로서의 역사가 시작된다.

운동의 국제화

우크라이나에서 개최된 UEFA 유로 2012 당시, 페멘은 이 나라에서 여성을 상대로 벌어지는 성 착취의 심각한 증가를 규탄하는 대규모 캠페인을 시행한다. 동시에 동유럽 국가의 정치에 대한 러시아정교회의 영향력을 비난하다 수감된 푸시 라이엇의 활동가들에 대한 연대를 표명한다.

바로 이러한 배경에서 2012년 7월, 야누코비치 대통령을 만나기 위해 키예프 공항에 도착한 키릴 총대주교[1] 앞에서 우크라이나 활동가 야나 즈다노바가 반라의 모습으로 기습 시위를 벌인 것이다.

한 달 뒤, 푸시 라이엇의 세 활동가에 대한 재판이 있던 바로 그날, 향후 페멘 운동의 발전에 커다란 영향을 미치게 될 역사적 사건이 발생한다. 8월 17일, 인나 셰브첸코가 오렌지혁명[2] 당시 키예프의 마이단 광장 언덕에 불법적으로 설치된 십자가를 전기톱으로 잘라버린 것이다. 우크라이나 내 종교 제도의 권력을 규탄하고자 한 이 행위는 격렬한 논쟁과 국제적인 논

---

1 러시아정교회의 수장.
2 2004년 11~12월 우크라이나에서 대통령 선거 부정에 반대해 일어난 정치적 시민 저항운동.

란을 불러일으킨다. 페멘 운동은 정교회와 러시아 언론, 우크라이나의 정보기관으로부터 수없이 폭력적인 공격을 당하게 되지만, 이 일이 있고 난 뒤 러시아의 다른 십자가들도 익명의 사람들에 의해 잘려나간다.

몇 시간 뒤, 러시아 텔레비전 제1채널은 실상 어떠한 법적 근거도 없던 이 십자가가 스탈린주의의 희생자들을 위한 기념물이었다는 가짜 뉴스를 의도적으로 퍼뜨린다. 뒤이어 러시아정교회의 대리인들은 지체 없이 인나 셰브첸코의 체포를 요청하고, 우크라이나 검찰은 난동 혐의로 그에 대한 기소에 착수한다. 그러나 십자가 파괴 행위는 그것이 법적 근거가 없었던 까닭에 기소 사항에 들어가지 못한다. 정보기관에게 쫓기던 인나는 경찰이 새벽에 자택 급습을 시도하자 결국 도피할 수밖에 없었다. 며칠간 폴란드에서 몸을 숨긴 그는 프랑스로 가서 첫 번째 페멘 인터내셔널 지부를 설치하기로 결심한다. 그는 뉴스를 통해 우크라이나의 야누코비치 대통령이 그의 체포를 요구하고 있다는 사실을 알게 된다. 인나는 프랑스에 정치 망명 신청을 결정하고, 2013년 4월 그 지위를 얻게 된다.

프랑스 지부는 2012년 9월 활동을 개시하면서 여성들을 모집하고 교육 과정을 통해 그들을 페멘의 운동 방식에 입문시킨다. 프랑스에서의 첫 번째 운동은 동성결혼 합법화에 대한 국가적 논의가 진행될 당시에 "우리는 게이를 믿는다In Gay We Trust"라는 제하에 일어난다. 프랑스 지부는 이 법안을 위해 다양한 활동을 조직한다. 활동을 진행하던 중, 프랑스 활동가들이 파리의 거리에서 극우 활동가들에게 심각한 폭행을 당하는 일이 발생한다.

프랑스 페멘이 설립되고 발전하면서, 본인의 나라에 지부의 설치를 희망하는 다른 여러 나라의 여성들도 비슷한 활동을 개시하게 된다. 2015년, 페멘은 우크라이나, 프랑스, 독일, 스페인, 스웨덴, 이탈리아, 벨기에, 네덜란드, 이스라엘, 베네수엘라, 체코, 캐나다, 멕시코, 터키, 미국에 지부를 두게 된다.

각 지부는 각 국가의 정치적 상황과 현안에 따라 활동한다. 그러나 활동가들은 또한 동시다발적 행동, 외국에서의 공조 임무, 국제적 공동 캠페인도 수행한다.

인터내셔널 지부들은 우크라이나의 과두정치, 그리고 동유럽에 대해 러시아와 독재자 블라디미르 푸틴이 행사하는 해로운 전면적 영향력을 계속해서 비판한다. 2013년 네 명의 활동가들이 푸틴의 독일 공식 방문 시 그의 앞에 모습을 드러내는 데 성공한다. 그다음 해, 키예프에서 일어난 유로마이단 시위 당시, 유럽과 미국의 페멘 활동가들은 우크라이나 시위대의 요구에 대해 여러 차례에 걸쳐 지지를 표명한다. 2014년 3월 6일, 러시아의 우크라이나 침공이 시작되자, 두 명의 프랑스 활동가 마르그리트 스테른과 사라 콩스탕탱은 크림반도로 건너가, 가슴에 "푸틴의 전쟁을 끝내라Stop Putin's war"라는 슬로건을 쓴 채로, 러시아를 지지하는 분리주의자들의 시위를 가로막는 위험한 행동을 감행한다.

독일 지부는 네덜란드 활동가들과 함께 그들의 나라에서 합법인 성매매의 폐지를 위한 활동을 전개하게 된다. 동일한 목적에서, 2013년 세 명의 활동가들은 밀라노에서 성매매의 주요 고객이자 잘 알려진 지지자인 실비오 베를루스코니 앞에 나타나 기습 시위를 벌인다. 그들은 그가 투표소에 들어서자 "베를루스코니는 이제 지긋지긋하다Basta Berlusconi"라는 슬로건으로 그를 급습하며 몇 센티미터 앞까지 접근하는 데 성공한다. 2018년 이탈리아 총선 당시, 그가 정계 복귀를 선언하자 페멘 활동가들은 "너의 시간은 끝났다Sei scaduto!"라는 슬로건과 함께 다시 한번 그의 앞에 나타난다.

라라 알카사르를 수장으로 하는 스페인 지부는 스페인에서 임신중절에 대한 권리를 제한하고자 하는 법안에 반대하는 투쟁에 뛰어든 첫 번째 여성단체이다. 세 명의 활동가가 2013년 해당 법안의 발의자인 알베르토 가야르돈 법무부 장관의 연설을 중단시키기 위해 국회에 잠입하여 기습 시위를 벌인다. 그날 사용된 슬로건인 "낙태는 신성하다Aborto es sagrado"는 유럽의 모든 페멘 지부가 참여하는 국제적 운동의 이름이 된다. 그로부터 몇 달 뒤, 이 법안은 라호이 총리에 의해 폐기되었고, 알베르토 가야르돈 장관은 사임한다.

멕시코에서는 몇 달간 파리에서 교육을 받은 활동가 지젤라 페레스 데 아차가, 현 집권당이 연루되어 있고 또한 전 세계가 대학생 학살 사건[3]을 통해 그 야만성을 알게 된 마피아 조직을 규탄하기 위해 '독재자 PRI[4]PRI Dictador'라는 운동을 개시한다.

운동은 계속해서 국제적으로 확장되고 있으며, 새로운 팀이

---

3 아요트시나파 지역 사범대학교 학생들 43명이 2014년 9월 멕시코 게레로주州 이괄라에서 시골 교사 임용 차별 철폐 시위를 벌인 뒤 실종되거나 참혹한 시신으로 발견된 사건.

4 지난 90년간 장기 집권 해온 멕시코의 보수 우파 제도개혁당Partido Revolucionario Institucional, PRI을 가리킨다.

2019년을 목표로 출범 준비 중에 있고, 파리, 베를린, 마드리드 등지에서 새로운 활동가들이 교육을 받고 있다.

뿐만 아니라, 여러 지부에서 다른 여성주의 단체들과의 협력을 강화하고, 다양한 모임과 회의, 시위와 강연을 통해 페멘의 이념과 페멘이 옹호하는 여성주의 및 인간주의적 가치를 전파하기 위해 활발히 노력하고 있다.

초창기 국제 운동

페멘의 국제 운동은 튀니지에서 시작되었다. 2013년 여름, 튀니지의 활동가 아미나 스부이는 페이스북에 자신의 상의 탈의 사진을 올린다. 아미나의 상반신에는 "나의 몸은 나의 것이며, 그 누구의 명예를 위한 것도 아니다"라는 말이 아랍어로 적혀 있었다.

SNS를 타고 퍼진 이 사진은 즉각적으로 전 세계 언론의 이목을 집중시킨다. 며칠 뒤, 튀니지의 이슬람 최고지도자(이맘)는 그가 처벌받아야 하며 심지어 집단 폭행을 당해 마땅하다고 공개적으로 선언한다.

몇 주 뒤, 아미나는 불법적으로 개최되는 안사르 알샤리아[5]의 살라피즘 연례총회에 반대하기 위하여 그날 카이루안[6]의 모스크 울타리 벽에 '페멘'이라는 단어를 칠하다 체포되어 구금된다. 그는 풍속을 해치고 신성을 모독했다는 이유로 기소되었으며 2~3년의 구금형을 받게 된다. 튀니지 활동가의 구속과 그를 향한 국가적 적대감에 대항하여 페멘은 '반라의 지하드Topless Jihad'라는 이름의 국제 운동을 개시한다. 페멘은 아미나의 석방을 요구하는 한편, 튀니지 형법의 여성에 대한 부당한 처우를 규탄한다. 튀니지를 포함한 10여 개 국가가 이 운동에 참여한다.

2013년 5월 29일, 페멘 운동의 세 활동가 폴린 일리에, 마르그리트 스테른, 요제피네 마르크만은 페멘 역사상 처음으로 마그레브국가에서 반라 시위를 감행한다. 튀니지의 수도 튀니스의 법원 앞에서, 상반신에 "여성의 가슴이 혁명을 키운다Breasts feed revolution"라는 슬로건을 쓰고 아미나 스부이의 석방을 요구한다. 그들 역시 체포되어 구금되었고, 풍기문란죄로 기소된다. 당초 4개월의 구금형을 받았던 이 활동가들은 그들

---

5 이슬람 근본주의인 살라피즘의 무장단체.
6 튀니지 카이루안주州의 주도.

을 위한 대규모 국제 시위가 수많은 언론을 통해 보도되고, 또 프랑스와 독일 정부, 유럽연합의 지지를 받으면서 결국 한 달 뒤 풀려난다. 그로부터 한 달 뒤, 아미나 역시 석방된다.

페멘은 법이 종교 교리로부터 영향을 받아 만들어진 여러 나라에서 여성의 권리가 경시되는 것을 계속해서 격렬히 규탄한다. 페멘은 스웨덴에 정착한 정치 난민인 이집트인 블로거 알리아 엘마디와 협력하게 된다. 그는 스웨덴 지부의 리더 제니 벤함마르와 함께 다양한 활동에 참여한다. 특히 그들은 스톡홀름의 모스크 안에서 시위를 감행함으로써 이집트혁명의 이슬람화를 비난한다. 페멘은 또한 이란의 활동가 마리암 나마지와 함께 정교분리 원칙을 옹호하고, 종교가 여성들을 억압하는 도구가 되는 것을 비판한다.

기회가 찾아오자, 페멘은 그 기회를 놓치지 않고 자신의 반교권주의 입장을 재차 표명한다. 2013년 천주교의 임신중절 반대 입장을 규탄하기 위하여 스페인, 프랑스, 독일, 이탈리아 지부가 참여한 "크리스마스는 취소되었다 Christmas is cancelled"라는 운동 이후, 종교 제도에 반대하기 위한 새로운 국제적 운동이 2014년 9월 개시된다. 이번에 페멘이 규탄하는 것은 프란체

스코 교황이 유럽의회를 방문한, 정교분리 원칙의 심각한 침해였다. 이탈리아의 바티칸과 프랑스에서 "신은 마법사가 아니며, 교황은 정치인이 아니다God is not a magician, Pope is not a politician"라는 슬로건 아래 여러 행동이 개시된다.

법정에 선 페멘

　페멘의 활동은 한 국가의 민주주의와 정교분리의 수준을 드러내는 진정한 척도이자 시험으로서, 일부 국가의 종교 제도나 자유를 말살하는 방식들을 규탄한 활동가들은 대부분 법정에 서야만 했다.

　2012년 3월, 푸틴의 투표소에서 시위를 한 세 명의 활동가들은 모스크바의 감옥에서 2주 동안 구금된 뒤 영토에서 추방되었으며 영원히 입국 금지되었다. 일주일 뒤 러시아 언론은 입국 금지 대상자(페르소나 논 그라타personae non gratae[7])인 일곱 명의 페멘 활동가 명단을 발표한다.

7　외교상 기피 인물.

2012년 4월, 네 명의 페멘 활동가는 임신중절권을 위한 활동 중 키예프의 성 소피아 대성당의 종을 울렸고 난동 혐의로 기소되어, 4년 형을 받는다. 이 소송 이후 우크라이나에서 페멘의 거의 모든 활동은 법정 다툼으로 이어진다.

2013년 2월, 프랑스에서는 자캥 주임사제의 노트르담 대성당이 페멘을 고발하여, 정신적 피해 및 자유로운 종교 활동 침해에 대한 1만 유로의 손해배상금을 청구한다. 동성결혼 합법화 논의에 대한 가톨릭교의 압력 행사를 규탄하기 위해 대성당에서 시위를 벌였던 아홉 명의 활동가들이 2014년 9월 석방된다.

2013년 5월, 튀니지에서는 아미나 스부이의 석방을 요구하며 시위를 벌인 세 명의 활동가들이 풍기문란죄로 4개월의 구금형을 받는다. 그들은 한 달간의 수감 후 풀려난다.

2014년 3월, 터키에서는 두 명의 활동가가 당시 총리이자 이후 대통령이 된 에르도안이 방문하기로 되어 있던 투표소를 기습하여 그의 정부가 국가에 행사하는 검열을 규탄하는 시위를 감행한다. 그들은 추방되었고, '총리에 대한 모욕죄'로 3년의 실형을 선고받는다.

2014년 12월, 페멘의 한 활동가는 여성의 임신중절권을 재차 주장하기 위하여 프랑스 마들렌 성당에서 시위를 벌인 후, 풍기문란죄로 1개월의 집행유예를 선고받는다. 전 세계에서 처음으로 페멘이 풍기문란죄로 기소된 사건이다. 이 사건을 계기로 프랑스 형법 제222-32조[8]에 대한 구체화를 요구하는 "노출증환자가 아니라 페미니스트다Féministe pas exhibitionniste"라는 운동이 개시된다. 같은 시기, 또 다른 활동가는 독일 쾰른에서 성탄절 미사 중 비슷한 행위를 했다는 이유로 1200유로의 벌금형을 받는다.

종교 기관과 독재 국가에서 제기한 이러한 고발 조치는 우리의 시민불복종운동의 필요성을 드러내는 우려스러운 표지이다.

---

8 '공연음란행위'에 관한 프랑스 형법 제222-32조는 타인의 시각적 접근이 가능한 장소에서 공연히 음란행위를 하는 경우 이를 처벌하는 내용을 담고 있다.

2015년 2월, 덴마크 코펜하겐에서 인나 셰브첸코가 표현의 자유에 관한 강연을 하는 도중, 칼라시니코프 총을 든 한 이슬람주의자가 방아쇠를 당겼고, 두 명이 사망했으며 세 명의 경찰관이 크게 다쳤다.

가까스로 몸을 피한 인나 셰브첸코는 전 세계의 인도주의자들과 비종교인들에게 칼라시니코프 총보다 더 크고, 종교적 광신보다 더 큰 그들의 목소리를 들려달라고 호소한다.

그로부터 몇 달 뒤인 2015년 9월, 프랑스 퐁투아즈에서 무슬림 여성 행사Salon musulman Femina가 열렸고, 이곳에서 여러 극보수주의자들은 아무 거리낌 없이 여성에 대한 폭력 행사를 권장한다. 메리암 아비디와 타라 라크루아는 연설 도중 기습 시위를 벌인다. 두 전사는 무대로 뛰어 올라가, 프랑스어와 아랍어로 "누구도 나를 복종시킬 수 없다. 누구도 나를 소유할 수 없다. 나는 나 자신의 예언자다"라고 외친다. 10여 명의 남자들이 거칠게 그들을 밀쳐내고는 발길질을 가한다.

우리는 자유와 평등이라는 보편적 가치를 지지한다. 우리가 겪고 있는 탄압은 이러한 가치들이 우리가 겨냥하고 있는 제도들에게 위협이라는 증거이자, 우리가 공격하고 있는 대상이 실제로 자유의 적이라는 증거이다.

페멘은 국제적 차원에서 성차별주의와 모든 형태의 차별에 대한 투쟁을 계속 이어나간다.

페멘은 유럽을 타락시키는 극우 세력에 적극적으로 대항한다. 페멘은 기회가 생기는 즉시 모든 민족주의 정당의 외국인 혐오와 여성혐오 발언에 맞선다.

프랑스에서 페멘은 주요 극우 정당인 국민전선의 당 대표 마린 르펜을 집요하게 공격하고 있다. 2015년 5월 1일, 파리의 오페라 광장에서 다수의 활동가들이 잔다르크를 찬양하는 혐오스러운 그의 연설을 가로막았다. 2017년 그의 대선 운동 기간에는 노라 베노마르라는 활동가가 "마린은 가짜 페미니스트다Marine, féministe fictive"라는 구호를 외치며 그의 기자회견을 방해했다. 2017년 4월, 이 활동가는 파리 제니트 공연장에서 르펜의 유세 연설을 다시 한번 가로막는다.

2018년 스페인에서 우리의 활동가들은 지난 정권의 파시스트 지도자였던 프란시스코 프랑코를 기리는 대규모 집회에 나타나 시위를 벌인다.

페멘은 분열을 조장하면서 모든 시민의 평화와 안전을 위협하는 전 세계 남성 정치 지도자들의 위선을 규탄한다.

이러한 이유로 우리는 도널드 트럼프 미국 현 대통령을 미국에서뿐만 아니라, 스페인이나 프랑스에서 여러 차례 공격한 바 있다.

2018년 11월, 우리의 전사들은 그가 1차 세계대전 종전 100주년 기념식을 위해 길을 나섰을 때, 샹젤리제 거리에서 그의 공식 행렬을 가로막았다.

그들은 "가짜 피스메이커Fake peacemaker"라는 슬로건으로 트럼프의 위험한 정책을 비난하며 그가 탄 차량을 막아 세웠다.

페멘은 여성과 소수자에 대한 불의와 차별에 맞서 싸우기 위하여 정치 지도자들과 유명 인사들을 공격하면서 전 세계의 가부장제에 계속하여 도전장을 내밀고 있다.

2018년, 페멘은 여러 공인들이 저지른 성폭력을 규탄하는 국제적인 미투#MeToo 운동에도 참여하였다.

독일의 활동가들은 우디 앨런의 콘서트에 뛰어들었고, 프랑스의 활동가들은 파리에서 로만 폴란스키를 공격했으며, 미국에서는 재판장에 들어서는 빌 코스비를 기습했다.

우리의 평화적 군대는 날로 강해지고 있으며 우리의 적들은 계속해서 우리를 두려워하고 있다.
우리는 수백만 명이다. 우리와 함께해달라!

페멘 선언

전문前文

　우리의 육체를 통제하고 우리의 정신을 억누르는 가부장제는 이제 우리의 투쟁하는 벗은 몸에서 그 종말의 가능성을 보게 되었다. 그 가슴속에서 새로운 적이 태어났다. 그의 이름은 바로 페멘이다.

　말을 통하여 페멘은 여성들이 겪어야 하는 가장 고차원적이고 가장 체계적인 형식의 억압인 가부장제에 맞서는 방패이자 파괴의 무기가 된다.

　행동을 통하여 페멘은 여성들이 자신의 몸을 자유롭게 사용하고, 규범이 그 몸에 덧씌우는 속박에서 벗어날 수 있는 권리를 천명한다. 지금껏 여성의 벗은 몸이 가부장제 지배 체계의 수단이었다면, 이제는 혁명의 도구가 되고자 한다.

목소리를 통하여 페멘은 전 세계 여성들의 봉기를 촉구한다. 자신들이 바로 그 첫 번째 희생자인 억압에 맞서는 참여의 필요성을 자각한 여성들은 단합하여 승리할 것이다.

우리의 신은 여성이다. 우리의 임무는 반란이다. 우리의 무기는 우리의 벌거벗은 가슴이다.

페멘이란 무엇인가

2008년 우크라이나에서 창설된 여성주의 저항 단체. 전 세계로 퍼진 이 운동은 특히 종교와 정치에 있어서 여성에 대한 모든 형태의 소외에 맞서 싸운다. 페멘이라고 불리는 회원들은 기습 시위를 조직하여 가슴을 드러내고 저항한다.

(『프티 로베르 프랑스어 사전』, 2015)

페멘은 반라의 몸에 슬로건을 쓰고 머리에는 화관을 쓴 정치 활동가들의 국제 운동 단체이다. 우리의 슬로건은 간결하고 자극적이며, 우리의 가슴은 우리의 깃발이다. 투쟁의 필요로부터, 강력하고 도발적이나 언제나 비폭력적인 행동의 실천이 완수된다.

페멘 운동은 2008년 우크라이나 키예프에서 태동했다. 2010년부터 활동가들이 정치화되면서 그들의 가슴을 저항의 도구로 사용한다.

여기서 페멘은 본격적으로 언론의 주목을 받기 시작하고,

여기서 경찰과 사법 당국의 탄압이 시작된다.

벨라루스에서의 시위 뒤 납치되어 고문당하고, 살해 위협을 받았으며, 또한 키예프의 마이단 광장 언덕에 불법적으로 설치된 십자가를 베어버린 뒤 정보기관으로부터 쫓기고, 심하게 구타를 당한 우크라이나의 투사들은 망명을 택할 수밖에 없었다.

여기서 페멘의 국제화가 시작되고,

여기서 우리의 운동이 세계적으로 퍼져나가기 시작한다.

페멘이 우크라이나의 독재와 성차별적 문화라는 특수한 상황에서 탄생하기는 했지만, 우리의 운동이 세계적으로 주목을 받으며 발전해나가는 것은, 가부장제 지배 체제에 맞선 투쟁의 시급한 필요성을 증명하고 정당화하고 북돋는 것이라 할 수 있다. 페멘은 국경을 넘어, 각 사회의 문화적, 경제적, 종교적 특수성을 넘어 이 체제를 규탄한다.

여기서 페멘 투쟁의 보편화가 시작되고,

여기서 여성 혁명이 시작된다.

이념

　정치적 자각으로부터 참여가 생겨나고, 참여로부터 행동이 생겨나며, 행동으로부터 혁명이 생겨난다.

　페멘의 이념은 절대적이다. 바로 이분법적 성별 개념에 기반한 인간관계가 폐기되고 모든 개인이 타인과 동등한 개체로 인정받는 이상적인 사회의 추구이다. 우리는 개인적인 문제나 문화적, 정치적, 국가적, 종교적 특수성을 뛰어넘고자 한다. 우리는 사회가 강요하는 성차별적 굴레로부터 여성과 남성을 해방시키고자 한다. 이제 우리의 관계가 오직 단 하나의 원칙에 의해서만 통제되길 바란다. 그것은 바로 평등이다. 우리는 인간의 불가분성을 천명한다.

페멘은 한 집단이 다른 집단에 의해 착취당하는 것에 대해 투쟁하는 여성주의, 즉 인간주의 운동이다. 권력관계가 주어지고 그것이 정당화되는 즉시, 폭력적인 힘의 관계가 생겨나 견딜 수 없는 불평등을 불러온다.

우리는 여성해방을 우리 운동의 중심에 두고 있지만, 유토피아 건설을 위한 길을 꾸준히 걸어나가기 위하여 인종차별주의, 외국인혐오증, 극우 세력, 파시즘, 종교 근본주의에 맞서는 투쟁도 함께한다. 우리는 모든 형태의 지배에 대한 투쟁이야말로 평등한 체제의 전 존재 가능성을 위하여 **절대적으로 필요한**sine qua non 조건임을 선언한다.

*

페멘은 소련 해체 후의 우크라이나 사회에서 탄생하였고, 우리의 운동이 국제화되면서 우리가 이제 여기서 밝히고자 하는 요구들은 보편적인 차원을 갖게 되었다. 우리는 스스로를, 여성의 조건을 이론화하고 매우 중대한 변화를 가져오기 위해 노력한 역사적 여성주의 운동의 계승자로 여긴다. 그런데 제도적 성과로서 세계인권선언을 위시한 법적, 관습적 진보의

혜택을 우리 스스로가 가장 먼저 입긴 하였으나, 우리는 우리의 평등주의 이상이 달성되기는커녕 늘 배반당하고 있다는 사실을 깨닫는다. 우리가 살고 있는 세계는 남성들의 세계이며 계속 그 상태로 머물러 있다. 남성들에게 자리를 내어준 공공 영역은 그들을 지탱하고 있다. 늘 잠재해 있는 보수적이고 민족적인 발언들은 주기적으로 늘 거칠게 등장한다. 수태조절, 이혼, 임금 평등, 행동과 시도와 표현의 자유, 신체 자율성 존중은 다양한 보수 세력들의 영원한 공격 대상이다. 여성을 대상으로 벌어지는 극단적이고 폭력적인 행위들이 끈질기게 나타나는 것은 소위 민주주의가 제안하는 사회 모델의 실패에 대한 징후이다. 여성으로서뿐만 아니라 인간으로서 이런 시스템이 야기할 수 있는 잔혹함을 인식하게 되면서 우리는 그 실패를 준엄하게 확인한다.

역사성을 배제하고 여성주의 투쟁을 고려하는 대신, 우리는 이 투쟁이 내포하는 혁명 전체의 잠재적 힘을 제한할 위험을 무릅쓰면서 그것을 한 장소나 한 시대로 한정 짓지는 않을 것이며, 더욱이 하나의 성性이나 하나의 특수한 사회집단에 독점권을 부여하지 않을 것이다. 우리가 여자이든 남자이든 우리의 존재와 육체 안에서 불평등을 느끼고 포착해야 하는 까닭은, 그것이 우리의 삶과 우리의 삶을 구조화하는 체계와 불가분의 관계이기 때문이다. 그런데 절대적 자유의 땅에서, 사회에 사람이 존재하는 한 그만큼 개인 간의 다양성이, 즉 성별, 나이, 성향, 자질의 다양성이 존재할 수 있다. 왜냐하면 평등이란 획일성을 의미하지 않기 때문이다. 우리 사회가 이와 같은 완벽한 수준에 도달할 수 없는 것은 그것을 구축하는 메커니즘과 관계가 있는 것이지, 원칙적으로 쉽게 변하기 마련인 우리의 본성 때문이 아니다. 따라서 이제 공격 대상은 우리의 세계를 구축하고 있는 기반이다.

우리는 '가부장제'를 남성들의 권력 소유에 기반한, 이러한 사회적, 법적, 경제적 조직 형태를 일컫기 위한 개념으로 삼는다. 이 도구는 우리로 하여금 사회집단으로서의 여성들이 겪는 억압과 불의의 특수성을 명확히 파악할 수 있도록 해준다.

남성이 주로 (정치, 경제, 종교, 가정의) 권력을 소유하고 행사하는 가부장제 사회에서, 여성들은 자신의 사회적 지위가 무엇이든 간에, 세계의 어느 곳에서 살고 있든 간에, 여전히 이러한 성차별적 억압에 맞서 싸워야만 한다. 이 체제를 개혁하는 데에만 만족할 수 없다. 왜냐하면 개혁은 마치 잘못 감긴 붕대

처럼, 우리의 사회와 사고방식을 구성하고 타락시키는 지배관계의 영속성과 지속성을 감추게 할 뿐이기 때문이다.

남녀 불평등에 기반한 세계에서 우리 모두가 겪는 이 강렬한 각성 뒤에, 기존 질서에 대한 저항감이 생겨난다. 뒤이어, 우리를 억압하는 이 세계가 강요한 규범과 관습을 넘어 우리 스스로 생각하는 법을 배우면서, 우리는 우리가 서로에 대해 갖는 정치적이고 도덕적인 책임을 이해하게 된다. 따라서 전면 행동은 우리에게 절대적으로 필요한 것이자, 저항을 위한 유일한 표현의 수단이다. 경험과 역사를 통하여 우리는 정치적 의식을 추구하는 과정에서 직접 대면하는 것과 같이 강력한 힘을 가지는 것은 없다는 사실을 알고 있다. 연합과 물리적, 평화적 저항이야말로 모든 전복 세력을 무조건 가로막는 반동적 메커니즘에 대항하기 위해 꼭 필요한 무기이다. 그런데 평등이라는 우리의 이상은 패러다임을 완전히 변화시키고, 지배적인 가부장제 이데올로기와 전면적으로 단절할 때에만 도달될 수 있다. 페멘은 이 체제에 맞서는 투쟁의 수단이 되리라고 자처한다.

여성으로 태어났다는 이유로 강요받은 복종의 상태를 자각하게 된 모든 여성들의 연합과 국제적 봉기를 통하여, 우리는 혁명이 가능할 뿐만 아니라 무엇보다 혁명이 불가피한 상황을 만들어낼 것이다. 물론 이 혁명은 우리 지각의 가장 내밀한 영역에서 시작될 것이다. 왜냐하면 혁명이란 먼저 우리 자신 안에서 일어나야 하기 때문이다. 그러나 곧 이 변화는 퍼져나가면서 우리 삶의 모든 영역에 물들고, 새로운 관계의 방식을 정의하며, 새로운 방식으로 이타성異他性을 고찰하게 할 것이다. 평등주의 이상을 신봉함으로써, 타인을 짓누르는 권력이 타인에 대한 각자의 책임감으로 변화할 수 있고, 스스로가 타자와의 적대 관계 속에서 정의되는 사회에서 타자와 함께 정의되는 공동의 공간으로 나아갈 수 있다.

우리가 간절히 부르짖는 정치적 자각을 통해 이러한 이상을 추구함에 있어 우리는 투쟁해야 할 세 가지 대상을 확정하였다. 그것은 바로 독재, 성 산업, 종교이다. 또한 '대리모 출산' 문제를 투쟁의 대상에 추가하기로 한다.

투쟁 대상

독재

독재는 사회의 수직적이고 권위적이며 폭력적인 위계 구조이다. 지배자와 피지배자 간의 최초의 힘의 관계에 기반한 독재는 무엇보다 가부장제 이념 덕분에 그 정치적 힘을 뿌리내리게 된다. 개인의 자유를 억압하고 전면적으로 부정하는 것을 넘어서, 권위적 국가는 아버지라는 인물(가부장)의 경제적이고 사회적인 지배에 기대고 있다. 국가의 가장 높은 자리에 있는 '수장首長'의 지배권은 가족과 사적인 차원으로 확대된다. 여성을 경제적 종속 상태에 두고, 그들의 몸과 섹슈얼리티를 통제하며, 교육을 선전으로 대체하는 것은 독재 체제의 안정적인 유지를 위하여 그들이 사용하는 이념적, 정치적 도구이다. 가부장제 이념과 독재는 상보적인 것이고 서로를 더욱 강화하기 때문에 이것을 와해시키는 것이야말로 페미니즘의 주요 쟁점이라고 할 수 있다. 국가 차원에서 우세한 힘이 행사하는 지배 구조를 그대로 모방한 가부장제 사회는 이러한 독재 체제를 구성하고 그 유지에 힘을 보탠다. 군사 영역이든, 종교 영역이든, 마피아 조직이든 독재 체제의 폭력과 압제를 규탄함에 있어 이들의 가부장제적 구조를 고려해야 한다.

여성이 첫 번째 희생자인 독재 체제에 맞서기 위하여 여성들의 반란은 꼭 필요하다. 독재 체제에서 혁명적 여성이 되는 것은 독재자의 권위에 문제를 제기할 뿐만 아니라 폭정의 사회 구조 전체를 문제 삼는 일이다. 가부장제의 와해는 진정한 민주적 대변혁을 위해 꼭 필요한 일이다.

공공 영역과 언론을 점거하여 우리는 권위적 수사修辭를 망가뜨린다. 이 체제의 대표자들을 호출하고 직접 대항하면서, 우리는 표현의 자유를 무기로 휘두른다. 독재의 탄압이 사적 영역에서도 행사되고 있지만, 그 체제에 맞서는 우리의 투쟁은 공적 영역에 있다.

독재에 대한 이와 같은 불신은 그들의 시스템을 무너뜨릴 수 있는 방법이다. 독재 체제를 공개적으로 공격하고 도발하는 일은 우리 운동의 비폭력 투쟁 전략에 따른 것이다. 행동을 할 때마다 우리는 그 당시의 정치적 분위기가 어떻든 간에 우리의 표현의 자유에 대한 권리를 재천명하며 독재의 책임자들과 그 공모자들을 공격한다.

성 극단주의적 행동을 통하여 우리는 때로 '민주주의'라는 베일로 정체를 감추고 있는 독재의 폭력을 드러낸다. 공공장소에서의 우리의 평화적 행동은 겉치레 민주주의와 개인의 자유 행사는 양립할 수 없음을 증명하고 있다. 스스로가 민주적이라 선언하는 독재자들은 거짓말, 조작, 폭력을 사용하여 그들의 권력을 확고하게 만든다. 반라의 상태로 몸에는 슬로건을 적어 거리로 나감으로써 이 공포스러운 무기의 실체를 드러내고 극도로 폭력적인 억압을 밝혀낼 수 있다. 우리는 생산된 이미지에서 보이는 폭력의 근원이 아니다. 폭력적인 것은 우리의 행동이 아니라, 우리가 행동을 벌이는 순간 혹은 그 후에 보복으로 벌어지는, 우리의 행동에 대한 경찰력과 정보기관 혹은 시민들의 반응들이다. 이러한 폭력은 표현의 자유라는 기본권을 문제 삼으면서 자칭 민주주의라는 사회를 포함한 사회의 커다란 모순을 드러낸다. 자유와 억압은 이율배반적인 것이며, 어떤 경우에도 의미상으로는 물론이고 길 위에서도 공존할 수 없다.

여성과 인간을 위한 행동을 통하여, 페멘은 독재의 타도를 요구하며 가짜 민주주의의 정체를 폭로한다.

성 산업

페멘의 주요 투쟁 목표 중 하나는 남성이 주요 고객이자 우선 고객인 시장에서 여성의 몸을 상품화하고 그들의 성을 상업화하는 생산 시스템 전체이다. 자유롭고 독립적인 인간성을 박탈당한 여성이 그저 하나의 몸으로, 물질적 껍데기로, 혹은 남성들에 의해 지배되는 섹슈얼리티 관점을 만족시키기 위하여 이미지로 한정되는 모든 상업 활동을 우리는 성 산업으로 규정한다. 성매매, 메인스트림 포르노[9], 광고를 통해 여성은 판매되고, 구입되고, 한 나라에서 다른 나라로 수입·수출되며, 전 세계를 무대로 소비재가 된다.

성 산업은 그 형태가 어떤 것이든 간에 한쪽 성이 무력과 협박, 조작을 통해 다른 한쪽 성을 착취하는 도구이다. 이 상업 시스템은 주체로서의 여성의 가치를 박탈해야 성공하고 효과를 거둘 수 있다. 육체의 껍데기만 남은 여성은 경제적, 사회적 덫에 걸려 가부장제 이념이 치켜세우는 남성의 우월적 지위를 공고히 하게 된다.

*

여기서 페멘은 성은 상품이 아니고, 동의 의제는 살 수 없는 것이며, 성매매는 직업이 아니라는 점을 다시 강조한다. 우리 사회는 페미니즘과 여성의 신체적 자율권의 원칙을 조작하여 그것을 타인의 신체를 자유롭게 사용할 수 있는 남성들의 권리로 둔갑시켜버리는 '성매매의 자발적 선택'이라는 낭만적 관점을 버려야 한다. 성매매는 사회서비스도 해방 행위도 아니

9 상업 포르노.

다. 구매자가 자신의 성적 만족을 위하여 타인의 몸을 대여하는 상거래이다. 여기에 존재하는 유일한 관계는 구입하는 인간과 구입되는 인간의 관계이다. 따라서 성구매자와 성판매자 사이에 어떤 평등한 관계가 존재한다고 생각하는 것은 완전한 허상이다.

게다가 우리 사회가 의료 목적의 장기 판매는 금지하면서 여성의 성기를 상업화하며 인간이라는 존재를 부숴버리는 이런 기제를 계속해서 받아들이고 장려한다는 사실은 믿을 수 없을 만큼 위선적인 일이다. 여성의 질膣이 신장보다 가치가 덜하다고 여기는 것은 도대체 어떤 파렴치한 생각에서 비롯되는 것인가?

현실원칙을 고려하여, 우리는 이러한 터무니없는 일들을 끝낼 것을 요구하며 성매매의 폐지를 위해 투쟁한다. 성구매자에 대한 처벌은 이를 위해 긴급하게 시행할 수 있는 방안 중 하나이다. 이어서, 교육과 지배적인 사고방식의 전복을 통하여, 자신의 욕구를 충족시키기 위해 다른 인간을 구매하는 것을 인간주의적 관점에서 생각조차 할 수 없는 일로 만들어야 한다. 성구매자를 포주와 동등하게 처벌하는 것은 시장의 법칙

만이 적용될 뿐인 인신매매의 상업적 측면을 인정하는 일이다. 수요가 없으면, 공급도 사라진다.

페멘은 여성 인신매매에 기초한 이 경제를 지지하고 영속시켜온 정치인들을 규탄한다. 우리는 성매매를 둘러싼 사회적 합의를 비난한다. 왜냐하면 그것은 자연스럽게 주어진 것이 아니라, 문화적으로 구축된 남성 권력을 위한 경제적, 정치적 시스템이기 때문이다.

*

상업적 논거로부터 직접 소비에 이르기까지, 성 산업은 남성/여성의 섹슈얼리티에 대한 고정관점을 만들면서 그들의 관계를 지배/피지배의 힘의 관계로 유지시키고자 한다. 퍼포먼스와 성폭력의 모델에 기반한 메인스트림 포르노는 남성의 욕망과 환상에 따른 섹슈얼리티의 이미지를 이용하고 유통시킨다.

뿐만 아니라 광고에서는 극도로 성적인 측면을 부각시킨 여성의 이미지를 판매 전략으로 삼고 있어, 여성은 끊임없이 소비재로 전락하고 있다. 여성을 둘러싼 세상이 그들을 오직 이 냉혹한 불평등으로만 내몰고 있는 상황에서 어떻게 여성들이 자유로운 섹슈얼리티를 가질 생각을 할 수 있단 말인가? 게다가 섹슈얼리티를 둘러싼 성차별적 인식은 상업적 영역을 넘어서고 있다. 길거리에서의 성희롱, 강간의 일상화, 사적인 사진과 동영상의 동의 없는 게시 등 여성들이 남성에, 또 그들이 자신들을 위해 만든 시스템에 이용되는 경우는 수도 없이 많다.

여성의 몸이 대상으로서 인식되는 한, 여성을 상대로 한 원초적 폭력이자 줄곧 가부장제를 뒷받침해온 역사 속의 폭력, 즉 여성의 섹슈얼리티를 인정하지 않는 것, 다시 말해 여성이 주체—자신의 섹슈얼리티, 자신의 몸, 자신의 쾌락, 자기 자신의 주체로서 세상에 존재하는 것을 금지하는 폭력은 계속될 것이다. 여성의 섹슈얼리티는 가부장제, 그리고 일방적으로 한쪽의 섹슈얼리티를 만족시키면서 여성을 성차별적 고정관념에 가둬버리는 성 산업의 지배로부터 벗어나야 한다.

*

페멘은 성 산업을 공격함으로써 여성의 성을 비하하고 남성의 성을 고정관념화하는 지배적인 섹슈얼리티의 재현을 규탄한다. 여성과 남성 모두 시장경제에 굴복하지 않고 자기 자신의 섹슈얼리티의 주체가 되는 평등한 세상을 갈망한다면 이 산업은 꼭 파괴해야 하는 가부장제의 주요한 기둥이다.

　　페멘은 여성이 자신의 신체에 대한 자유로운 권리를 회복할 수 있도록 여성과 남성 간의 평등의 정의를 세우고자 한다. 여성은 더 이상 객체가 아닌 주체가 되어야 한다. 여성은 이제 타인의 쾌락을 위해서가 아니라 자신의 쾌락을 위해 행동해야 한다. 우리는 젠더가 평등의 관점에서 구축되어, 여성들은 스스로의 섹슈얼리티를 발견할 수 있고 남성들은 성행위에 있어서 퍼포먼스나 주도권과 관련한 고정관념에서 해방될 수 있는, 하나가 아닌 다수의 섹슈얼리티를 요구한다. 여성과 남성 모두 이제 막 섹슈얼리티를 발견하게 되었을 뿐이다. 평등한 체제에서 진화하는 우리의 개성에 따라 수많은 성과 젠더의 가능성을 만들어낼 수 있다. 이런 의미에서 우리는 어느 정도 포스트-포르노그래피 운동(포르노그래피를 젠더, 권력, 정치, 평등에 대한 사고를 구성하고 해체하는 창조적 활동으로 재정립하고자 하는 운동)을 인정한다. 왜냐하면 이것은 가부장제의 원래 의도와

멀어지고 있기 때문이다. 모두에게 섹슈얼리티는 탐험을 통해 말과 육체의 새로운 언어로 형성되어야 한다.

　우리의 모든 행동에 있어서 우리는 이 시스템 규범을 스스로에 반대하도록 되돌려놓음으로써 그것을 파괴시키고자 한다. 오늘날에 이르기까지 여성의 벗은 몸에 대한 관점은 이 가부장제적 산업이 지금껏 부여해온 대로 퇴행적이고 비천한 의미가 지배적이었다. 속살을 드러내고 미의 고정관념을 따른 여성의 몸이 숭배의 대상이 되면서 많은 여성들은 자신의 몸과 잘못된 관계를 맺게 되었다. 극도로 성적인 모습이 부각되고, 인간성을 박탈당하고, 가치를 빼앗기고, 모욕당한 우리의 몸은 언제나 가부장제 이념이 지배적인 해석의 대상이 되고 있다.
　여성의 몸을, 육체의 껍데기로 환원될 수 없는 존재로서의 여성을 위한 우리 투쟁의 필수불가결한 논거로 삼음으로써, 페멘은 남성 지배의 상징적 도구 중 하나를 무력화시킨다. 이렇게 "우리의 가슴은 우리의 무기이다Nos seins, nos armes"라는 슬로건은 그 의미를 갖게 된다. 즉 이제 여성의 나체는 더 이상 성 산업이 부여한 성적인 정의가 아니라 자신의 몸을 저항과 해방의 도구로 여기는 페미니즘의 의지에 의해 지배받는다. 따라서 상의 탈의라는 우리 전술의 실효성은 이미 그 자체로 우리가 맞서 싸우고 있는 남성 중심 체제에 대한 첫 번째 승리인 것이다.

종교

종교가 시작되는 곳에서 페미니즘이 중단된다.

페멘은 오직 자신들이 믿는 신의 이름, 상징, 성소, 제의, 제도로만 구분되는 종교들 사이에 차이를 두지 않는다. 우리는 이 종교들이 공통적으로 갖고 있는 것으로만 그들을 이해한다. 그것은 바로 교리에의 순종이라는 원칙이다. 개인 혹은 개인들의 어떤 집단이 타자에 행사하는 지배관계에 기반한 모든 체제의 존재를 반박하는 페멘의 투쟁은 종교 제도에 대하여 합의를 이룬 태도로만 만족할 수는 없다.

우리는 우리가 단호히 옹호하고 있는 사상의 자유라는 소중한 가치를 공격하는 것이 아니라, 위계와 절대복종을 최우선으로 삼아 체계적으로 획일적이고 반민주적인 사회 모델을 만들어내는 모든 종교에 대해 투쟁한다.

이 시스템의 가장 높은 곳에 있는 신은 종교 지도자들에게 권력을 부여하고 그것을 정당화한다. 그다음으로는 독실한 신자들, 그리고 다른 종교의 신자들, 마지막으로 무신론자들이다. 이 피라미드 구조에서 여성은 언제나 낮은 곳으로 밀려나 있다. 따라서 종교가 없는 여성은 정의상 가장 낮은 등급이다.

종교는 무시무시한 지배 도구인 불평등주의 사상을 그대로 이어가고 있다. 신자들을 공포와 무지에 가두어 그들에 대한 완전한 통제권을 확보하는 이러한 종교는 동일한 방식으로 인류를 파멸시키고 여성의 권리를 매몰차게 부정한다. 개인 간의 위계, 민족 간의 위계, 젠더 간의 위계를 주장하는 종교는 가부장제적 독재 체제의 집행자이며, 공공 영역에서 자리를 갖게 되는 즉시 불관용, 전쟁, 배제만을 야기할 뿐이다.

페멘은 이 체제가 공공 영역으로 들어오고자 하는 모든 시도에 대항할 것이며, 국가와 종교 간의 협력이 진보를 가로막는 장애물이라고 여긴다. 민주주의적 이상과, 인간들 사이의 지배관계에 기반한 종교적 사회 모델 사이에는 어떠한 타협도 존재할 수 없다.

정교분리 원칙의 근본이라고 할 수 있는, 권력과의 엄격하고 완벽한 분리가 이루어지지 않아, 종교의 법과 도덕은 너무나 흔히 국가의 입법 체제에 영향을 미치고 있고, 심지어는 그것을 대체하기도 한다. 그런데 공정하고 평등한 사회라면 자유의 온전한 향유를 가로막는 종교의 교리에 입각할 수 없다. 페멘은 가부장제 사회가 자신들의 지배 체제를 공고히 하기 위하여 이성도, 과학도 고수하지 못하고, 인권을 부정하며, 따라서 어떤 국가든 어떤 문화권이든 간에 정치적 논쟁에 개입되어서는 안 되는 이러한 교리들을 만들어냈다고 단언한다.

종교 제도가 제안하는 도덕성이라는 환상은 체제 유지를 위하여 근본적이고 보편적인 자유의 원칙을 제한하는 것을 우리가 받아들이게 만드는 수단에 불과하다. 따라서 우리는 종교가 정치에 관여하는 객관적 이유가 있다고 믿게끔 만들려는 '문화적 차이'라는 논거를 거부한다. 그리고 우리는 인간은 도덕성을 증명하는 데 종교가 필요하지 않다는 사실을 확신한다.

이렇듯 종교 제도가 여성의 권리와 평등의 원칙을 직접적으로 침해하고 있기 때문에, 우리는 특히 종교가 정치, 교육, 사회이동에 개입하는 것을 규탄하며, 사회 전체의 도덕적 관리자로 인정되는 것을 단호히 거부한다.

페멘은 공개적으로 이 제도에 맞서기로 선택하였으며, 절대권으로서의 '신성 모독'을 요구한다. 우리는 종교적 금기를 인정하지 않기에, 그것을 위반하는 일은 불법이나 범죄 행위로 인식될 수 없다. 우리는 신성 모독을 표현의 자유의 거행으로 정의하며, 공개적 비난은 종교 제도와 거리를 두기 위해 필요한 효율적인 투쟁의 도구로 여긴다.

종교의 본질 자체가 사회에서 여성들에게 열등한 자리를 부여하고 있기 때문에, 또한 종교는 무엇보다 여성들의 몸을 통제함으로써(피임 금지, 섹슈얼리티 금기, 여성의 몸을 부정不淨하게 여기기 등) 여성들을 억압하기 때문에, 페멘은 이 체제에 대해 그들의 최악의 적으로 맞서기로 한다. 그것은 바로 자유로운 여성의 몸이다. 여성들은 신성 모독을 통해 종교 제도가 그들에게 강요하는 노예와 같은 상황을 무너뜨리는 데 참여한다. 이

것은 종교적 틀이 부과한 가부장제 모델에 대한 위협으로 작용하며, 그와 동시에 생각, 표현, 행동의 자유라는 가능한 대안을 제시한다.

타협 없이 자신의 자유로운 생각을 표현하고, 종교적 이념을 기반으로 하는 구조를 문제화하는 페멘은 그 자체로 신성모독이다.

대리모 출산

페멘은 여성의 몸을 상업적으로 이용하는 모든 형태에 반대한다.
우리의 몸은 상품이 아니다. 우리는 물건이 아니다.

대리모 출산은, 그것이 돈을 주고받는 행위라면, 착취이다.

우리를 생식적 기능으로, 즉 다시 한번 성적 기능으로 축소시키는, 우리에게 강요되는 추가적 폭력이다.

대리모 출산을 받아들이는 것은 여성이 금전적 보상을 받고 계약에 따라 주문자를 위해 제품을 생산해야 하는 시장의 논리에 따르는 생산 도구라는 사실에 동의하는 일이다.

이러한 상품화는 여성의 몸과 아기의 몸을 객체화하는 관점이므로, 우리는 도저히 받아들일 수 없다.

금전이 거래되는 대리모 출산은 불평등에 대한 추가적 매개로서, 성매매와 마찬가지로 가장 취약한 대상은 당연히 가난한 여성들이다. 이것은 명백한 인권 침해이자 평등 원칙에 대한 침해이다.

사람들이 여전히 계속해서 여성들을 착취할 수 있는 방법에 대해 이야기하는데 어떻게 여성들이 해방될 수 있단 말인가?

대리모 출산에 대한 일부 국가의 현행법은 가부장제적이며, 여성에 대한 성차별적 관점의 반영일 뿐이다.

반면 우리는 자유의 원칙에 따라 그것이 기증의 형태, 즉 장기 기증으로서 고려되는 경우에는 대리모 출산에 반대하지 않는다.

이런 맥락에서, 임신으로 발생하는 비용을 충당하기 위한 목적을 제외하고 금전 거래가 없는 대리모 출산을 우리는 여성의 몸에 대한 착취로 여기지 않는다.

하지만 이것은 입법 기관과 국가의 엄격한 관리 없이는 불가능한 일이다.

대리모 출산으로 태어난 아이는 보호되어야 하며, 페멘은 이 아이들을 그들을 입양한 부모의 출신국 시민으로서 인정해줄 것을 요구한다.

입양에 대한 법은 상황에 맞게 만들어져야 하고, 동성 커플의 입양에도 문을 열어야 한다. 대리모 출산은 불임 부부의 첫 번째 선택이 되어서는 안 된다.

*

페멘이 투쟁의 중심으로 삼고 있는 이 분야들은 성차별적 영향이 구조적으로 특별히 잘 행사되고 있는 영역이다. 이 분야들을 뒤덮고 있는 수많은 환상들을 무너뜨리는 것이 우리의 임무이다. 우리는 가부장제에 따른 권력 관계가 야기하는 폭력의 민낯을 드러내, 모두가 이 제도가 만들어내는 근본적 불평등을 견딜 수 없도록 해야 할 소명이 있다. 독재 타도, 여성의 성적 해방, 여성 상품화 조직의 해체, 공공 영역에 개입하려는 종교 제도의 모든 시도에의 저항을 통하여 우리는 이 체제를 전복시킬 수 있을 것이다. 이렇게 우리의 자유를 위협하는 이 체제의 위험성을 인식하면서 우리는 오직 교육, 경제적 독립과 취업 기회 보장, 그리고 지속적이고 보편적인 인권 보호만이 가부장제가 강요하는 불공정하고 불평등한 체제에서 여성과 남성 모두를 해방시키는 이 새로운 사고의 모델을 영속적으로 보장할 수 있음을 단언한다.

활동 방식

상의 탈의 시위: 성 극단주의의 탄생

평등을 위한 투쟁은 법적 관점에서의 권리의 문제를 훨씬 넘어서는 것이며, 또한 사고思考의 문제이고 따라서 이미지의 문제이기도 하다. 상의 탈의 시위는 가부장제 질서에 맞서는 숨김없는 저항의 표현이고, 페멘 활동가들의 몸은 여성 투쟁의 역사에서 새로운 미학을 드러낸다.

남성우월주의가 여성의 행동과 역할에 대해 행사하는 통제는 대개 여성의 몸에 대한 착취를 통해 이루어진다. 시간이 흐르면서 여성은 자신의 성적 측면으로만 한정되었고, 심지어는 그저 수동적 유희 도구나 종種을 영속시키는 도구로 전락했다. 여성의 나체는 가부장제의 일방적 강요로 인해, 또한 이미지와 종교적이고 선전적인 담화를 통해, 그것에 강요되는 틀에 어긋나는 것이 극도로 금기시된다.

우리 사회는 남성 중심 각본에 따라 여성 상상계를 식민화하는 메커니즘을 기반으로 작동한다. 여성의 섹슈얼리티는 전투의 장이다. 과도하게 노출되든 혹은 감춰지든, 여성의 몸은 철저히 자의적인 에로티시즘에 국한되어 있다. 여성에게 가슴을, 머리카락을, 발목을, 손을, 입술을, 눈을 가리라고 요구하든, 혹은 극도로 성적 측면이 부각되는 것을 칭송하든, 여성의 몸은 가부장제의 완벽한 통제하에 있다.

페멘은 이 오래된 형태의 표상과 단절하기로 결심한다. 우리는 나체를 그대로 유지한 채 그 위를 슬로건으로 장식하고 마치 전사와 같은 포즈를 취한다. 이미지는 단순하고 급진적이다. 어제의 노예였던 몸이 일어나 해방을 향해 함께 걷는다. 우리의 가슴을 보는 것은 가능하지만, 거기에 쓰인 메시지를 보지 못하는 것은 불가능하다.

우리의 정치적 요구의 중심에 있는 몸의 해방과 여성의 성적 해방은 여성의 나체를 마주함에 있어 사회에 던져진 도전을 목도한다. 활동 방식을 통해 페멘은 여성의 이미지를 변화시키고 남성적 규범이 지배하는 이 세상에서 여성의 몸이 갖는 위치에 질문을 던진다. 우리는 빼앗겼던 이 몸을 되찾아 나체로 정치 무대에 나타남으로써 고정관념을 파괴한다. 우리는 가부장제가 가장 끔찍하게 여기는 것을 가지고 맞서 투쟁하는 것이다. 그것은 바로 자유로운 여성이다. 우리를 향한 억압이 몸을 통해 이루어졌다면, 이제 이 몸은 우리의 투쟁의 도구가 될 것이다.

  이러한 과정을 통해 페멘은, 여성들에게 어떠한 발언권도 허용하지 않지만 모두가 그들의 몸은 마음대로 이용하고자 하는 시스템에 놓인 세계 여성의 비참한 상황을 밝히고 폭로하는 데 성공한다. 메시지는 간단하다. 우리는 옷을 벗었지만 우리의 몸은 우리 스스로의 의지를 드러내는 표현 도구라는 것이다. 우리는 반라이지만 우리는 연약하지 않다. 평화주의자이지만 강한 힘을 가진 우리는 가부장제를 도발하여 그것의 폭력적이고 퇴행적인 민낯을 드러내고자 한다.

페멘은 전 세계의 모든 여성들에게 자신의 생각을 구체화하고 자신의 몸을 되찾기를 권유한다.

이 나체가 어떠한 선정성도 쉽게 능가할 정치적 상황에 노출되고, 이 나체가 침묵이 아닌 인간주의적 요구를 주장할 수 있어야 한다.

몸은 주체가 되어야 한다. 외치는 주체, 능동적인 주체, 자신의 분개를 표현하고 그것을 가부장들의 얼굴에 내던질 수 있는 주체가 되어야 한다.

이렇게 '성 극단주의'가 탄생한다.

우리의 몸을 우리 혁명의 첫 번째 매개로 사용하고, 활동을 전개하는 동안 성차별적 코드를 갖고 놀면서, 우리는 여성의 몸을 종속시키는 가부장적 판단을 파괴하고, 성 극단주의를 세운다.

'성 극단주의'라는 단어는 가부장제적 극단주의와 그것이 내세우는 공포에 대한 숭배, 그리고 종교적 극단주의와는 냉

소적인 대조를 이룬다. 이것은 비폭력적이지만 극도로 공격적인 도발의 형태이다. 이것은 시대에 뒤떨어진 낡은 도덕과 곪아터진 가부장제 문화의 기반을 무너뜨리는, 강력한 도덕 파괴의 무기이다.

성 극단주의는 우리로 하여금 오늘날의 여성과 관련한 중요한 문제들에 대해 여론을 환기시킬 수 있도록 할 뿐만 아니라, 우리가 작전을 벌이고 있는 각 나라의 자유의 수준을 측정할 수 있도록 해준다.

전 세계 다양한 나라에서 반라의 상태로 활동을 전개하면서, 우리의 페멘 활동가들은 매우 다양한 반응을 마주하게 된다. 환영과 격려를 받을 때도 있지만, 대개 우리는 극도의 폭력과 마주한다. 그것이 민주주의 국가에서였든 독재 국가에서였든, 우리가 행동을 벌인 뒤 오는 흔한 결과는 모욕, 난폭한 체포, 구금, 소송이다. 이렇게 우리는 성 극단주의를 통하여 전 세계 다양한 국가의 민주주의를 제대로 평가할 수 있다.

미디어의 활용

여성을 가부장제 사회가 정한 역할 속에 가둔 채 고정관념이 양산되는 것은 이미지와 그것의 기사화를 통해서이기 때문에, 우리는 바로 이 이미지와 그 기사화를 통해 성차별주의에 대한 투쟁을 진행하기로 결정한다.

강력한 이미지를 통해 우리는 주먹을 치켜들고 단호한 눈빛으로 우리 시대의 사회 착란을 규탄하며, 모든 사람이 볼 수 있는 사진과 영상 자료를 이용하여 여성의 이미지를 변화시키는 데 기여한다. 강압적인 체포, 길거리에서의 폭력, 교회의 분노와 같은, 몇 시간 만에 전 세계로 퍼져나가는 강렬한 이미지들을 통하여 우리는 진정한 문제를 제기하고, 공론을 불러일으키며, 제도에 의문을 던진다. 경찰과 국가의 모든 탄압을 견딜 준비가 된 우리들은 이념적 동기와, 모든 형태의 억압과 불의를 폭로하고자 하는 욕망에 따라 움직인다.

우리는 우리의 모습을 정치인, 지지자, 반대자 등 모든 사람들이 볼 수 있도록 전 세계의 언론사와 일한다. 우리의 목표는, 사진 한 장으로 여성에게 열등한 지위를 부여하는 고정관념으로 가득 찬 미디어 시스템에서 우리의 자리를 찾아 그것을 아마존 전사의 이미지로 바꾸어놓는 것이다. 이를 통해 우리는 다른 여성들도 억압에 맞서 일어서고 투쟁하는 독립적 여성이라는 새로운 여성의 이상을 만들기를 희망한다.

언론을 잠식함으로써 우리는 페미니즘을 현안의 최전방에 두고자 한다. 도발적인 행동을 수행함으로써 우리는 기존 질서를 뒤흔들 수 있는 논쟁과 토론이 시작될 수 있도록 그 불씨를 당기고자 한다. 복종하는 여성의 시대는 막을 내리고, 새로운 시대가 열린다.

상징

우리의 벌거벗은 가슴

우리는 여성의 몸을 자기 것으로 만들어 마음대로 이용하는 남성들이 경제적, 문화적, 이념적으로 지배하는 세상에 살고 있다. 미美에 대한 숭배에서 생식기 절제나 산성 물질 공격과 같은 가장 야만적인 행위에 이르기까지, 여성에 대한 남성의 가장 깊이 뿌리박힌 통제는 여성들의 몸을 노예화시킴으로써 이루어진다.

여성 해방을 위해서는 여성들의 몸을 해방시켜야 한다. 페멘 활동가들은 여성의 몸을 둘러싼 고정관념을 무너뜨리고, 남성의 가혹함에 반항할 것을 요구한다. 가부장제에서 해방된 여성의 나체는 페멘 정치 투쟁의 핵심이 되었다. 우리의 벌거벗은 가슴은 우리의 전투 깃발이다. 우리의 가슴은 우리의 무기이다.

벌거벗은 가슴 위에 쓰는 슬로건

페멘의 활동가들은 자신의 벌거벗은 가슴을 깃발로 삼아 도저히 읽지 않을 수 없는 정치적 메시지를 전달한다. 우리의 슬로건은 간결하고 자극적이며, 읽자마자 전 세계가 금세 이해할 수 있어야 한다. 슬로건은 주로 검은색을 이용하여 대문자로 명확하게 적는다. 글씨체는, 예를 들어 관련 주제를 보여주기 위한 목적으로, 활동 시마다 다르게 사용될 수 있다.

머리에 쓴 화관

페멘의 활동가들은 유색 리본에 꽃을 단 화관을 쓴다. 이것은 페멘이 탄생한 우크라이나의 민중문화에 뿌리를 둔 상징이다. 전통적인 여성 의상의 표장標章으로서, 오직 '자격 있는' 여성만이, 즉 순결한 처녀로서 결혼하지 않은 여성들만이 이 화관을 쓸 수 있다. 페멘의 활동가들은 이 가부장제적 상징을 머리에 쓰고 그 의미를 뒤집어 이제 이 꽃이 당당하고 자유로우며 저항하고 투쟁하는 여성의 상징이 되도록 했다.

우리의 '품격'은 동정童貞 여부에 있는 것이 아니라, 이 불평등한 체제에 투쟁함으로써 우뚝 설 수 있는 능력에 있다.

우리의 태도

여성의 나체가 갖는 여성혐오적 함의를 완전히 부수기 위하여, 페멘은 가부장제가 여성의 몸을 이용하며 만들어낸 관능적이고 수동적인 자세와 완전히 반대되는, 공격적이고 호전적인 자세를 취한다.

페멘의 활동가들은 여성들이 남성 중심 사회가 만든 모든 굴레에서 벗어나 자신의 몸을 온전히 향유할 수 있게 하는 사회 변화와 혁명의 가능성을 자기 안에 지니고 있다. 우리는 정치적 목적을 가지고 반라의 상태로 나타난다. 우리는 웃지 않는다. 우리는 우리의 요구 사항을 큰 소리로 외친다. 우리의 목적은 적들을 유혹하는 것이 아니라, 그들에게 맞서고 또 그들을 무장해제시키는 것이다. 주먹을 치켜들고, 고개를 빳빳이 들며, 몸은 꼿꼿이 세운 채, 우리는 단호하게 전진한다.

우리의 미학

과장된 화장과 미니스커트, 하이힐. 우리는 의도적으로 이러한 가부장제적 미美의 코드를 그것을 만든 시스템에 대한 투쟁 도구로 이용한다. 우리의 활동가들은 여성들을 복종시키기 위해 남성들이 만든 굴레로 들어가 그것을 무기로 사용한다.

여성들은 언제나 남성들이 자신의 욕망을 충족시키기 위해 일방적으로 만든 미의 기준에 따라왔다. 여성들은 자기 자신을 위해서가 아니라 남성들을 위해 아름다워져야만 했다.

페멘의 행동에서 충격적인 것은, 바로 모든 면에서 예전에 여성들이 복종했던 코드를 그대로 따른 여성들이 저항하는 모습이다.

그들의 외모가 어떻든 간에, 우리는 성차별주의 그 자체에 맞서기 위해 성차별적 상징을 사용하여 치장한, 그러나 저항의 준비가 된 여성의 몸을 등장시킨다. 따라서 외모에 따라 활동가를 선별하는 것이 결코 아니라, 코드를 더 잘 전복하기 위하여 몸을 내세우는 것이다.

우리의 로고

페멘 운동이 주로 사용하는 상징인 우리의 로고는 키릴 자모의 F에 해당하는 Ф를 변형한 형상이다. 이것은 여성의 가슴 형태를 떠올리게 하는 우리 조직의 확고한 상징이다.

우리의 표어

"모든 여성은 반란이다Everywomanisariot."

조직 체계

저항하면 살 것이고, 뭉치면 승리할 것이다.

   페멘은 선언문 작성 시점을 기준으로 프랑스 파리에 본부를 두고 있는 민주적이며 경제적으로 독립된 국제 단체이다. 2008년 우크라이나에서 창립된 이래, 페멘의 지부는 전 세계적으로 늘어났다. 2015년 기준, 우크라이나, 프랑스, 독일, 스페인, 스웨덴, 이탈리아, 벨기에, 네덜란드, 이스라엘, 캐나다, 멕시코, 베네수엘라, 체코, 터키, 미국에 지부가 조직, 설치되었다.

   모든 지부는 페멘이 지키는 이념과 활동 방식에 따라 움직인다. 각 국가에서는 한 명의 활동가가 그룹 전체의 대표자로 활동한다. 그는 활동을 조율하고 그것을 본부에 알리는 임무를 맡는다. 우리가 스스로에게 부과하는 민주적 절차를 존중하기 위하여, 모든 지부는 서로 연결되어 있어야 하고, 또 매 순간 전 세계에서 일어나는 활동들에 대한 정보를 받아야 한다. 이것은 페멘 인터내셔널 본부 사무국 회원들과의 지속적인 소통을 통해 이루어진다. 이렇게 체계화된 조직 덕분에 우리는 우리의 활동을 성공적으로 이끌고 또 그에 대한 제대로 된 기사화를 보장받을 수 있다.

새로운 지부를 열거나 페멘 활동에 입문하기 위해서는, 경험 있는 활동가들이 다른 지부와 연계하여, 새로운 국가에서 페멘의 출범을 안내하고 도울 수 있도록 현 본부에 필히 연락을 취해야 한다. 우리가 이 선언문과 우리의 주장을 읽고 각성하게 된 세계의 모든 여성들에게 활동에 나설 것을 장려하고 있기는 하지만, 우리 조직의 중심에서 적용되고 있는 민주적이고 합의에 따른 기능에 따라, 우리는 스스로 페멘임을 주장하는 모든 단독 행동에 대해서는 책임질 수 없음을 밝힌다.

매년 국제 훈련 캠프가 조직된다. 페멘의 모든 지부는 본부에 모여 활동 방식과 평화로운 저항 행동을 익히고, 토론하고, 서로 만나고, 각 국가의 특수성에 따라 조직을 발전시킨다.

페미니즘은 모두가 함께해야 하는 투쟁이다. 여성이든, 남성이든, 트렌스젠더이든, 이성애자이든, 동성애자이든, 양성애자이든, 모두가 이 투쟁에 참여할 의무를 지니고 있다. 페멘은 우리의 사상과 우리의 활동 방식에 관심 있는 모든 사람들을 환영하는 조직이다. 함께할 때에 우리는 기존 질서를 전복할 수 있다.

남녀평등이 여성은 물론이고, 가부장제 사회가 정한 역할 속에 갇혀 있는 남성에게도 이로운 것이라면, 우리는 이 투쟁에서 전방에 나서는 것은 여성의 몫이고 후방을 책임지는 것은 남성의 몫이라고 생각한다. 지금껏 남성들의 그늘에서 살았던 여성들은 투쟁의 주도권을 가져야 한다. 이러한 이유로, 남성과 여성이 함께 페멘에 속해 있고 함께 페멘의 존재와 발전을 위해 애쓰고 있지만, 오직 행동을 개시하는 여성만이 결정권을 갖는 것이다. 그러나 이것이 함께 성찰하고 조직을 구성하는 데 다른 이들의 참여를 막는 것은 결코 아니다.

세계의 여성들에게 보내는 공개서한

자신의 삶의 주인이자 자신의 권리를 위해 투쟁하는 이들에게,

여성들에게,

담대하고 단호하게, 우리의 권리를 위하여 함께 싸우며 우리의 책임을 다할 때가 되었다.

평등은 유토피아에 지나지 않기에, 성매매는 직업이 아니기에, 여성에 대한 폭력은 열정도 명예도 아닌 범죄일 따름이기에, 강간은 전쟁 무기가 되어서는 안 되기에, 우리의 몸은 전쟁

터가 아니기에, 우리의 지적 능력은 열등하지 않기에, 우리는 작고 연약하지 않기에, 그 어떤 것도 우리를 배제한 채 우리에게 적대적으로 만들어진 법과 교리를 따르도록 강요할 수 없기에, 지금 즉시 우리를 억압하는 체제를 어떠한 타협 없이 증오하자. 이 체제를 혐오하고, 규탄하며, 개혁하자.

너무나 오랫동안 우리는 스스로 우리의 예속 상태의 공모자였다. 너무나 오랫동안 우리는 고개를 숙이고, 등을 굽힌 채, 폭력과 불의, 모욕을 감수해왔다. 그리고 너무나 오랫동안 우리는 우리와 같은 여성들의 고통에 무지한 채 지내왔다.

오직 단합만이 우리를 승리로 이끌 것이다. 여성들의 기본권에 대한 단호한 생각은 어떠한 저열한 타협도 단호히 거부하며 악착같이 지켜내야 한다. 어떤 문화도, 어떤 전통도, 어떤 사회계층도, 아무리 오랫동안 전해오는 이야기라도, 중세의 어떤 법도, 한 성性을 다른 성이 억압하는 것을 정당화할 수 없으며, 바로 우리 모두가 이 체제를 전복해야 한다.

우리가 만들 새로운 세상에서는, 억압받는 자도, 탄압하는 자도, 폭군도 없을 것이다. 평등하고 정의로운 세상을 위한 우리의 여성주의적 계획에는 보복이라는 목표를 이루고자 누군가를 지배하거나 무력화하려는 의도는 결코 없다. 우리의 여성주의는 남성 중심적 체제에 대해 요구되는 증오이지, 남성들 자체에 대한 증오가 아니다.

반면, 평등은 획득된 가치이고, 남성의 지배는 존재하지 않는다는 환상—좋게 말하면 순진한 것이고, 나쁘게 말하면 이기주의적인—속에 머무는 것은 이 체제를 더욱 공고하게 만들고 더 큰 불의를 낳는 일이다. 즉, 우리를 때리는 손을 부추기는 일이다.

여성인 당신, 자신의 성性을 자랑스러워하는 완벽한 당신, 당신은 페미니스트이며, 당신과 같은 모든 여성들의 운명에 책임감을 느껴야 한다.

여성인 당신, 고개를 숙이고 말이 다 끝나기도 전에 불의를 받아들인 당신, 당신은 페미니스트이며, 당신과 같은 모든 여성들의 운명에 책임감을 느껴야 한다.

왜냐하면 여성이자 페미니스트라는 것은 인간이자 휴머니스트인 것만큼이나 당연한 것이기 때문에, 우리 모두는 애초부터 우리 안에 그것을 지니고 있기 때문에, 각자의 페미니즘이 깨어나고 백일하에 발현되고 꺾을 수 없는 것이 되기 위해서는 분노와 만남, 말 한마디로 충분하기 때문이다.

세계사가 민주적, 사회적, 성적 혁명에 의해 이루어진 것이라면, 당연히 우리 또한 우리의 페미니즘 투쟁을 벌여야 마땅하다고 생각할 수 있지 않을까? 가장 잔인하고 가장 오래된 억압에 종말을 고하는 혁명, 여성에 대한 가부장제 시스템에 대한 혁명, 이 혁명은 인류사의 가장 대규모의 집단학살을 만천하에 드러내어, 여성이라는 이유로 여성을 학살하는 살인 무기를 파괴할 것이다.

여성인 당신, 함께 모여 저항하라. 자신, 타인, 그리고 여성 동지들이 처한 현실에 책임을 느껴라.

우리는 인류의 1/2이지만, 1/4을 소유하고 있고, 2배로 죽어가고 있다. 하지만 우리는 매우 강력한 힘을 지니고 있으며,

단합을 통해 모든 것을 바꿀 수 있다. 우리는 용맹하고, 강하며, 끈질기고, 단호하다. 싸울 준비를 하자. 이제 우리가 여성이라는 이유로 고통받는 것이 아니라, 우리가 원하는 것을 위하여 고통받을 준비를 하자.

자, 이제 우리의 책임을 다하자.

싸우자.

더 이상 감수하지 말자.

더 이상 두려워하지 말자.

함께 저항하자!

평등한 세상을 꿈꾸는 행동주의자, 페멘

이제 우리가 여성이라는 이유로 고통받는 것이 아니라, 우리가
원하는 것을 위하여 고통받을 준비를 하자. (84쪽)

요즘 전 세계적으로 그 어느 때보다 뜨거운 페미니즘의 바람
이 불고 있다. 한국 사회도 예외는 아니다. 서점에는 페미니즘
관련 서적이 쏟아져 나오고, 관련 단체의 조직과 활동도 부쩍
늘어났으며, 어떠한 사건이나 상황을 인식하고 해석하는 담론
으로 확실히 자리 잡았다.

　페미니즘은 다양한 형태로 나타나고 있고 그만큼 무수히 많
은 단체가 존재한다. 그중 전 세계의 이목을 가장 집중시키는

단체라면, 단연 '페멘FEMEN'을 꼽을 수 있다.

2008년 우크라이나에서 창설된 이 페미니즘 단체는 이제 한국 사회에도 별로 낯설지 않은 이름이 되었고, 단체의 가장 큰 상징인 상의 탈의 시위 이미지는 언론을 통해 쉽게 접하고 있다. 뿐만 아니라, 페멘의 정식 승인을 받은 공식 한국 지부는 아직 발족하지 않은 것으로 알려져 있지만(2014년 광화문 광장에서, 세월호 특별법 제정을 요구하는 상의 탈의 기습 시위가 벌어진 적이 있으나, 같은 해 한국 매체와의 인터뷰에서 페멘 본부는 관련 소식을 들었고 환영하지만 공식적인 접촉은 없었다고 밝힌 바 있다. 2018년, 한 한국인 여성이 주 프랑스 한국대사관 앞에서 페멘과 함께 불법촬영 성범죄를 규탄하는 상의 탈의 시위를 벌인 적은 있다), 페멘의 시위 방식에 영감을 받아 유사한 방식으로 진행된 일부 시위가 언론을 통해 보도되었고, 이는 뜨거운 논쟁을 낳기도 했다.

상의 탈의라는 급진적 시위 방식을 채택하여 유명해진 페멘은 러시아의 푸틴, 미국의 도널드 트럼프와 같은 거물급 국가 지도자의 전면, 혹은 유명 성당이나 모스크 등 종교시설에 기습적으로 나타날 때마다 언론의 대대적 취재 대상이 되었고 많은 사람들의 시선을 집중시켰다. 이 관심에서 비롯하여 많은 지지자들이 생겨났지만 아마도 그보다 더 많은 반대자들이 생겨

낳다. 그리고 아마도 그보다 더 많은 이들이 페멘이 던지는 메시지에는 무관심한 채 그들의 반라 시위를 하나의 자극적인 뉴스거리 정도로 여기면서, 그들의 몸을 성적으로 희화화하거나 대상화하고 있는 것도 현실이다(아이러니하게도 페멘이 투쟁을 통해 그토록 파괴하길 바라 마지않는 것이 여성의 몸을 대상화하는 바로 이 현실이다). 사회적 이슈에 관심이 많은 이들이라 할지라도, 특히 프랑스 좌파의 내부에서도 많은 이들이 페멘에 대한 판단을 유보하고 있는 실정이다.[1]

이런 상황에서 2015년 페멘은 본부가 자리하고 있는 프랑스에서 『페멘 선언』을 발간한다. 창립 이후 페멘의 활동을 정리하고, 무엇보다 그간 언론 보도나 인터뷰 등을 통해 파편적으로 전달된 페멘의 이념과 의도를 종합하여 공식적으로 발간함으로써 지지자와 반대자 모두에게 자신들의 목적을 보다 명확히 이해시키기 위한 것이었다(이 번역본은 가장 최근의 개정 사항을 반영했고, 그중 가장 큰 변화는 투쟁 대상에 '대리모 출산'이 추가된 것이다).

1 목수정·페멘, 「상의 탈의했다고… 매일 살해 협박 받는다」, 『오마이뉴스』, 2014년 10월 24일.

잘 알려진 대로 네 명의 우크라이나 창립 멤버, 안나 훗솔, 사샤 셰브첸코, 옥사나 샤츠코, 그리고 인나 셰브첸코는 2008년 '페멘'이라는 이름의 페미니즘 단체를 창립한다. 이 단체는 처음부터 지금과 같은 구체적인 투쟁의 목표를 정하고 상의 탈의라는 급진적 시위 방식을 채택한 것은 아니었다. 안나, 사샤, 옥사나는 학생 시절 마르크스주의 성향의 모임에 가입하여 여러 이론서를 파고들던 중 아우구스트 베벨의 『여성론』(원제는 '여성과 사회주의'이다)을 읽고 큰 깨달음을 얻었다고 한다. "베벨의 사상 속에서, 남성 우월주의와 자본주의, 그리고 언제 어디서건 여성을 억압하는 종교에 대한 혐오감을 뒷받침해주는 과학적 토대를 발견했던 것이다."[2]

하지만 "페멘의 여성주의는 단지 오랜 이론적 성찰로부터 나온 것만은 아니다. 페멘은 사회에 대한 분노와 직접 경험으로부터 탄생한 것이다."(14쪽) 뒤늦게 인나가 합류하고 이렇게 여성해방을 위한 투쟁을 결심한 네 명은 구체적 투쟁 목표를 설정하던 중 우크라이나에 만연한 '성 산업'을 첫 번째 대상으로 삼게 된다.

---

2   페멘 지음, 갈리아 아케르망 엮음, 김수진 옮김, 『분노와 저항의 한 방식, 페멘』, 디오네, 2014, p. 15.

우리는 성매매를 둘러싼 사회적 합의를 비난한다. 왜냐하면 그
것은 자연스럽게 주어진 것이 아니라, 문화적으로 구축된 남성
권력을 위한 경제적, 정치적 시스템이기 때문이다. (52쪽)

그들은 '우크라이나는 매음굴이 아니다'라는 슬로건 아래
퍼포먼스 형식의 시위를 조직하며 본격적인 활동을 시작한다.
그리고 우크라이나의 성 산업에 반대하는 초기 운동에서, 점
차 가부장제의 희생자인 모든 여성들의 해방으로, 나아가 억
압받는 모든 인간의 해방을 위한 불평등의 타파로 투쟁의 목적
이 확대된다. 동시에 이 운동은 우크라이나의 국경을 넘어 주
변국으로, 유럽 전역으로, 바다를 건너 전 세계로 퍼져나간다.
　이렇게 우크라이나의 '성 산업' 폐지를 주장하는 여성 문제
를 넘어 투쟁의 영역을 확대하고자 고심하던 페멘은, 2010년
우크라이나 대선을 계기로 정치적 무대에 등장하게 된다. 우
크라이나 대선 투표장에서의 상의 탈의 기습 시위로 시작된
정치 지도자에 대한 규탄의 칼날은 이웃 국가 벨라루스의 루
카센코 정권과 러시아의 푸틴 정권에게로 향한다. 여러 구소
련 국가에서 끈질기게 살아남은 '독재'를 새로운 투쟁과 파괴
의 대상으로 삼은 것이다. 상의 탈의라는 시위 방식은 동일했

지만, 활동 영역이 '성 산업'에서 '정치'로 확대되자, 본격적으로 대중과 언론의 뜨거운 관심과 취재가 시작된다.

이러한 관심을 발판 삼아 페멘은 활동 영역을 한 단계 더 확장한다. 이들의 새로운 투쟁 대상은 바로 '종교'이다. 정치에 개입하려는 종교에 대한 반발, 즉 정교분리라는 신성한 원칙을 위한 새로운 투쟁을 시작한 페멘은 이내 종교야말로 지금껏 인류 역사에서 여성을 억압하는 데 지배적인 역할을 해온 끔찍한 적이라는 사실을 깨닫는다. 투쟁 대상이 종교로 확장되자 페멘의 활동을 둘러싼 논쟁은 격화된다. 말 그대로 '신성'을 '모독'하는 행위이기 때문이며, 게다가 차별을 두지 않고 모든 종교에, 즉 종교 그 자체에 반대하기 때문이다.

> 종교 제도가 제안하는 도덕성이라는 환상은 체제 유지를 위하여 근본적이고 보편적인 자유의 원칙을 제한하는 것을 우리가 받아들이게 만드는 수단에 불과하다. 따라서 우리는 종교가 정치에 관여하는 객관적 이유가 있다고 믿게끔 만들려는 '문화적 차이'라는 논거를 거부한다. 그리고 우리는 인간은 도덕성을 증명하는 데 종교가 필요하지 않다는 사실을 확신한다. (58쪽)

동유럽 국가에 대한 러시아정교회의 영향력에 반대하고, 프랑스 정부의 동성결혼 합법화를 저지하려는 가톨릭에 맞선 페멘은 이 어려운 투쟁을 더욱 급진적으로 이끌어나간다. 튀니지, 터키와 같은 이슬람 국가로 활동 반경을 넓힌 것이다. 이것은 페멘 운동의 단순한 지리적 확장이라고만 평가할 수 없다. 여러 종교 중에서도 여성에 대한 억압과 금기가 가장 강력한 이슬람교에 대한 선전포고이기 때문이다. 한층 더 과감하고 단호하며 강력해진 페멘의 투쟁 의지의 발현이라고 할 수 있다. 여성에게 베일로 온몸을 가릴 것을 강요하고 어길 시에는 끔찍한 처벌이 뒤따르는 나라에서 반라로 시위를 벌인다는 것은 웬만한 결단과 용기가 아니라면 감히 시도조차 할 수 없는 일이었다.

그것을 증명하듯, 페멘의 성격이 정치화되면서부터 본격적으로 시작된 페멘에 대한 공권력의 탄압과 폭력은 바로 이때 최고조에 달한다.

페멘에 대한 탄압의 역사에는 주요한 세 가지 사건이 있다.

첫 번째는 페멘이 아직 우크라이나의 국내 조직일 당시, 정치 무대로 활동을 넓혀 이웃 국가인 벨라루스의 민스크로 건너가 루카셴코의 독재를 규탄하는 반라 시위를 벌이고 난 직후이다. 당시 시위를 벌인 활동가들이 우크라이나로 돌아가는 길에 정보 당국에 납치되고, 감금되고, 고문과 살해 협박을 받은 뒤 깊숙한 숲속에 버려지는 사건이 발생한다.

두 번째 사건은, 종교를 새로운 적으로 삼게 된 페멘의 활동가 인나 셰브첸코가 우크라이나 키예프 마이단 광장에 설치되어 있던 십자가를 전기톱으로 잘라버리는 시위를 마친 뒤 발생한다. 인나는 러시아정교회의 체포 요청과 우크라이나 경찰의 추격을 피해 결국 프랑스로 건너가게 되고, 그곳에서 정치적 망명자 지위를 얻어 파리에 페멘의 새로운 본부를 설치하게 된다.

세 번째 사건은, 바로 페멘 운동의 국제화가 본격적으로 시작된 튀니지에서 발생한다. 상의 탈의한 몸에 "나의 몸은 나의 것"이라는 슬로건을 쓰고 찍은 사진을 SNS에 올려 큰 논란을 불러일으켰던 아미나 스부이가 한 모스크의 울타리 벽에 '페멘'이라는 단어를 칠한 뒤 체포되는 사건이 있었다. 이에, 유럽의 페멘 활동가들이 직접 튀니지로 건너가 아미나 스부이의 석방을 요구하며, 이슬람 국가에서 처음으로 반라 시위를 감행한 것이다. 세 명의 유럽 활동가들은 거리의 사람들에게 집단 폭행을 당했고, 튀니지 당국에 체포되었으며, 구금형을 받는다.

당시 프랑스의 올랑드 대통령이 직접 튀니지로 날아가 활동가들의 석방을 협상하는 노력 끝에 이들은 풀려난다. 당시 튀니지 감옥에 갇혔던 활동가 폴린 일리에는 당시의 생활이 한 달에 단 한 번 샤워가 허용되고, 양동이에 던져지는 음식을 짐승처럼 받아먹으며 지내야 했으며 구토 자국과 소변 냄새에 전 이불 위에서 보낸 시간이었다고 한 인터뷰에서 회상했다.[3]

　페멘에 대한 공권력의 탄압과 폭력이 최고조에 이르렀던 이 사건은 또한 페멘의 역사에서 중대한 분기점이기도 했다. 폴린은 그 사건에 대해 이렇게 평가한다.

　그 사건 이후, 사람들은 페멘이 희희낙락 축제를 벌이기 위해 모인 그룹이 아니라는 것을 알게 되었다. 가부장제라는 거대한 적을 상대로 쉽지 않은 싸움을 벌이는, 시시때때로 위험을 감수해야 한다는 것을 인식하게 되면서 사람들이 떠나갔다. 그 후 구름처럼 모여들던 사람들이 사라지고, 한 달에 5~10명 정도의 매우 진지한 회원들이 생겨나고 있다. 위험을 각오한, 진정한 용기를 가진 사람들만이 남았다.[4]

3　목수정·페멘, 앞의 글.
4　같은 글.

이렇게, 성 산업에서 독재로, 독재에서 종교로 투쟁 영역이 확대될수록 페멘에 대한 탄압은 더욱 심해졌다. 하지만 탄압이 심해질수록, '성 산업', '독재', '종교'에 대한 페멘의 투쟁 의지는 더욱 견고해진다. 왜냐하면 페멘은 적들의 반격이 이처럼 격화되는 것은 자신들의 투쟁 이념과 방향이 옳다는 것의 반증이라고 이해하기 때문이다.

최근 페멘은 『페멘 선언』의 개정판을 마련하면서, 또 다른 투쟁 대상을 발견하여 추가한다. 그것은 바로 새로운 사회적 문제로 떠오른 '대리모 출산'이다. 페멘은 여성의 몸은 상품화할 수 없다는 이유로 성 산업을 반대했듯, 마찬가지의 논리로 대리모 출산을 반대한다. 대신, 상품화의 필수 조건은 금전 거래이므로, 금전 거래 없는 대리모 출산, 즉 '장기 매매'가 아닌 '장기 기증' 차원의 대리모 출산은 반대하지 않는다는 의견을 함께 제시한다. 뿐만 아니라, 대리모 출산 문제에 대한 국가의 엄격한 관리, 태어난 아이의 입양 문제 등에 대해서도 구체적인 입장을 밝히며 새롭게 떠오른 사회적 이슈에 분명한 목소리를 낸다.

페멘은 이렇게 '성 산업', '독재', '종교', 그리고 '대리모 출산'을 투쟁 및 타도 대상으로 삼아 강력한 투쟁을 지속하고 있다.

이 세(네) 가지 축은 이 선언문에서 가장 핵심적으로 다루고 있는 내용이기도 하다. 그런데 이 세(네) 가지 축을 꿰뚫는 공통점이 존재한다. 바로 '가부장제patriarcat'이다.

> 우리의 육체를 통제하고 우리의 정신을 억누르는 가부장제는 이제 우리의 투쟁하는 벗은 몸에서 그 종말의 가능성을 보게 되었다. 그 가슴속에서 새로운 적이 태어났다. 그의 이름은 바로 페멘이다. (35쪽)

(개정판 원문 기준으로) 페멘 선언 전문의 첫 줄, 첫 단어로 등장하는 '가부장제'는 '성 산업', '독재', '종교'의 배후에서 남성우월주의를 부추겨 온 오래된 체제로서, 페멘의 궁극적 타도 대상이며, 거기에 페멘의 존재 이유가 있다.

이렇게 페멘의 투쟁 대상이 구체화되고 활동 영역이 넓어지는 과정에서, 페멘의 상징이라고 할 수 있는 시위 방식, 즉 머리에는 화관을 쓰고 상의 탈의한 몸에 구호를 적은 채 전사처럼 주먹을 높이 들고 당당히 기습 시위를 벌이는 전술이 확립된다. 윗옷을 벗고 가슴을 보이는 방식은 처음에 페멘 내부에서도 많은 반대와 논쟁을 불러일으켰다고 한다. 하지만 상의 탈의를 반대했던 이들도 결국 그 당위성을 받아들였고, 반라 시위는 오늘날 페멘의 상징 그 자체가 되었다. 그리고 페멘의 상의 탈의 전술은 여성의 몸을 둘러싼 사유와 논쟁의 장을 다시 뜨겁게 만들었다.

그렇다면 이들은 왜 이런 '충격적인' 시위 방식을 선택하게 된 것일까? 그것은 먼저, 본문에 잘 설명되어 있는 것처럼, 기존의 저항 단체들이 사용하는 전통적인 시위 방식으로는 대중과 언론을 상대로 자신들의 이념을 알릴 기회조차 제대로 갖지 못할 것임을 인지하였기 때문이다. 그럼 왜 하필 몸을 시위의 도구로 삼게 된 것일까? 지금껏 가부장제 사회에서 남성이 여성을 지배하고 억압할 수 있었던 것은 무엇보다 여성의 몸에 대한 통제를 통해서였다는 사실을 깨달았기 때문이다.

우리는 가부장제가 가장 끔찍하게 여기는 것을 가지고 맞서 투쟁하는 것이다. 그것은 바로 자유로운 여성이다. 우리를 향한 억압이 몸을 통해 이루어졌다면, 이제 이 몸은 우리의 투쟁의 도구가 될 것이다. (66쪽)

즉, 억압받던 몸을 통해 역으로 억압에서 해방되는 투쟁을 전개한 것이다. 그럼 왜 가슴일까? 여성의 가슴은 가부장제 사회에서 가장 금기시해온 신체 부위이자, 자신의 몸을 자유롭게 사용하는 주체적인 여성의 상징이기 때문이다. 그리고 무엇보다 가슴은 그 누구도 해할 수 없기에 비폭력을 추구하는 그들이 선택한 무기이다.

벌거벗은 가슴은 페멘의 투쟁 신념을 가장 잘 드러내는 도구이자 무기라 할 수 있다. 기본적으로 페멘의 활동가들은 비폭력과 평화주의를 지향하고, 따라서 그 누구도 해칠 수 없는 무기를 사용하지만, 동시에 단호하고 전면적이고 급진적이며 도발적인 투쟁을 추구하기 때문이다(폭력적인 것은 오히려 페멘의 급진적 시위에 대한 대중과 공권력의 반응임을 본문에서도 밝히고 있다. 신변 위협으로 인해 파리로 본거지를 옮긴 뒤에도, 파리의 본부는 원인 미상의 화재로 전소된 적이 있으며, 여전히 일상적인 살해 협박을 받고 있다고 한다).

벌거벗은 가슴에 적는 짧고 강렬한 슬로건도 페멘의 강력한 무기이다. 본문에 소개된, 지금껏 사용된 슬로건만 나열해보아도 이 '아이디어 넘치는' 짤막한 문장들로 페멘이 추구하는 가치와 투쟁의 역사를 모두 들여다볼 수 있을 정도이다. 도발적이고 때로는 조롱을 가득 담은 이 슬로건들은 사람들의 뇌리 속에서 쉽게 잊히지 않는다. 무엇보다 슬로건이 적히는 도화지는 상의 탈의한 여성의 상반신이기에, 시위하는 페멘 활동가들의 "가슴을 보는 것은 가능하지만, 거기에 쓰인 메시지를 보지 못하는 것은 불가능"(65쪽)한 일이다.

이렇게 "비폭력적이지만 극도로 공격적인 도발의 형태"(68쪽)를 지칭하기 위해 페멘은 '성 극단주의sextrémisme'라는 용어를 만든다. 그 도발의 중심에는 그들의 무기인 여성의 몸이 있으며 이를 통해 "성차별적 코드를 갖고 놀면서, 여성의 몸을 종속시키는 가부장적 판단을 파괴"(67쪽)한다. 성 극단주의는 그 활동에 대한 반응을 통하여 각 나라의 민주주의의 수준을 측정할 수 있는 수단이 되기도 한다.

페멘은 과연 세상을 바꿀 수 있을까 의심받는 '소수의 여성 집단'이지만, 상당히 조직적인 체계를 갖춰 운영되고 있는 단체이다. 확고한 전략과 강령을 수립하여 철저히 그에 따라 움직인다. 유럽 및 북미 지역 중심으로 퍼져 있는 페멘 인터내셔널 지부들은 프랑스 파리에 위치한 본부의 지휘 아래 서로 긴밀한 협력과 연락을 유지하면서 조직의 활동을 계획하고 정보

를 공유한다. 파리 본부에서는 매년 전 세계 페멘 회원들을 대
상으로 체계적인 교육과 훈련이 진행되기도 한다. "개인적인
이유로 행동에 나서서는 곤란하며, 모두가 페멘의 이데올로기
를 자신의 몸에 온전히 담아내기 위해서 완벽하게 하나처럼
움직여야"[5] 하기 때문이다. 이러한 조직의 체계를 갖춘 페멘은,
상의 탈의라는 페멘의 시위 방식을 사용하더라도, 정식 승인
을 받지 않은 단체나 개인의 독자적 행동에 대한 공식적인 책
임을 지지 않는다. "페멘의 활동가가 된다는 것은 가족과 등을
질 수도 있고, 직장을 잃을 수도 있는 일이기 때문에 순진한 동
기만으로는 그 회원이 될 수 없다는 것을 잘 알고 있는 페멘은,
가입 신청자와 이야기를 나눠 목적과 의지가 분명한지를 확인
하는 절차를 거친다."[6]

　페멘은 언론과 미디어의 기능을 누구보다 잘 이해하고 그것
을 적극적으로 활용하는 단체이기도 하다. 앞서 언급한 대로
페멘의 무기인 여성의 가슴을 드러내는 시위 방식은 언론의
스포트라이트를 받기에 충분했다. 단체가 정치화된 뒤에도,
활동가들은 거물급 정치인들의 전면에 나타나거나 유명 종교

5　목수정·페멘, 앞의 글.
6　같은 글.

시설에서 기습 시위를 벌임으로써 그 효과를 극대화한다. 이렇게 반라 기습 시위를 수행한 후에는 어김없이 관련 사진들과 함께 기사가 쏟아진다. 페멘은 상의 탈의 시위 사진이 또 다른 성적 조롱의 대상이 될 수 있다는 부담감과 사람들의 거부 반응을 불러올 수 있다는 두려움에 짓눌리기보다는, 머리에는 화관을 쓴 채 드러낸 가슴 위에 슬로건을 적고 아마존의 여전사처럼 주먹을 높이 치켜들고 적을 향해 진격하는 이미지를 주체적인 여성의 새로운 이미지로 대중에게 각인시키는 편을 택한다.

2008년 우크라이나 국내의 여성주의 단체로 출발한 페멘은 10여 년이 흐른 2019년 현재, 거의 20여 개국에 지부를 두고, 시위를 할 때마다 언론의 뜨거운 주목을 받는 조직으로 성장했다. 하지만 페멘의 성장만큼 많은 반대자들도 생겨났다. 페미니즘에 대해 무조건적인 거부 반응을 보이거나 나아가 여성혐오를 조장하는 측의 거세고 거친 반대도 물론 있지만, 페미니즘을 이해하고 지지하는 측에서도 이 급진적 단체에 대한 비판과 반대는 있었다(또한 어느 조직에서나 그렇듯, 단단해 보이는 페멘 조직 내부에서도 의견 충돌과 서로에 대한 비판은 있어왔다. 시위 방식이나 이념에 대한 충돌을 넘어서, 좀 더 복잡한 활동가들 간의 배신과 상처가 존재했다는 주장도 있다. 파리로 거점을 옮긴 뒤 페멘의 주요 창립 멤버들이 탈퇴하고 운동에서 멀어진 과정을 담은 『페멘, 배신의 역사 Femen, histoire d'une trahison』라는 책이 그간 페멘을 집중적으로 취재해 온 기자에 의해 출간되기도 했다. 파리에서의 활동은 메시지를 보여주기보다 언론에 보이는 데 치중하고, 세상의 변화보다 페멘의 외형적 성장에 더 신경을 쓴다고 비판하며, "7년을 온전히 바쳐 뭔가를 창조하고자 하다가 조국으로부터 쫓겨난 우리는 파리에서 실망스러운 결과를 보고 절망했다"[7]고 밝힌 바 있었던 창립 멤버이자 탈퇴 후 화가로 활동하던 옥사나 샤츠코의 최근의 죽음을 이러한 페멘 활동에 대한 환멸에서 비롯된 것이라고 평가하는 의견도 많다). '우크라이나는 매음굴이 아니다'라는 구호로 성 산업을 반대하며 여성의 몸에 대한 상품화를 비판하면서, 젊고 육체적으로 매력적인 여성들을 전면에 내세운다는 비판도 받았고(페멘은 이에 대해 결코 외모에 따라 활동가를 선별하는 것이 아니고, 코드를 더 잘 전복하기 위해서 성차별적 상징으로 치장한 몸을 내세우는 것이라고 본문에서 반박하기도 한다), 이슬람 국가에서 상의 탈의 시위를 감행한 것은 문화적 차이를

7 최윤필, 「겁 없고 취약했던 '맨몸의 여성' 가부장 권력의 억압과 위선에 맞서다」, 『한국일보』, 2018년 8월 13일.

부정하는 우월주의자들의 도발이라는 거센 비판도 받았다(마찬가지로, 본문에서 페멘은 교리에 대한 순종을 강요하는 모든 종교에 대해 차별 없이 반대하며, 문화적 차이라는 논거를 거부한다고 밝히고 있다).[8] 페멘이 종교를 타도 대상으로 삼으면서 발생한 신성 모독을 둘러싼 논쟁도 여전히 뜨겁긴 마찬가지이다.

페멘의 이러한 행보는 그것을 바라보는 안팎의 단순한 비판을 불러오는 것에서 그치지 않는다. 본문에도 잘 드러나 있듯, 어느 순간부터 페멘은 정치인의 면전이나 종교 시설 내에서 상의 탈의 기습 시위를 벌인 뒤에는 거의 어김없이 법정에 서게 되었다. 페멘 활동가들의 기소 이유는 크게 난동hooliganisme, 과다노출exhibition sexuelle이라는 풍기문란 혹은 공연음란죄, 그리고 모욕죄이다. 그중 가장 논쟁이 되는 것은, 페멘의 가장 큰 상징이라고 할 수 있는 상의 탈의를 둘러싼 과다노출에 대한 판단이다.

올해 초 프랑스의 최고 법원에 해당하는 파기원에서는 페멘 활동가에 대해 두 번째로 과다노출죄를 확정했다. 페멘의 정치적 의도와는 상관없이 "이 여성들에게 향하는 사람들의 시선은 색정적concupiscent이 될 수밖에 없다"고 판단했다. 페멘의

---

8 같은 글.

슬로건과는 정반대로 이들을 페미니스트가 아닌 노출증환자로 만든 것이다. 법원의 결정을 종교계 등은 당연히 환영했다. 하지만 다른 과다노출 사건에서 심지어 전라의 모습을 했던 남성의 경우에는 무죄가 판결되었던 기존의 판례를 고려할 때 나체에 대한 이중 잣대라는 비판, 그리고 광고에서 여성의 상업적 목적의 가슴 노출은 허용되면서 정치적으로 확고한 의지에 따른 페멘의 상의 탈의는 허용되지 않는 것은 모순이라는 비판이 나온다. 이러한 비판을 프랑스 일간지 『리베라시옹』에 기고한 두 명의 법조인은, 여성의 임신중절권을 주장하며 파리의 마들렌 성당에서 반라 시위를 벌인 페멘 활동가에 대한 법원의 유죄 판결문이, 마치 19세기에 종교와 풍속을 해친다는 이유로 재판을 받게 된 보들레르의 『악의 꽃』에 대한 당시의 판결문을 읽는 것 같다고 비꼬기도 한다.[9] 참고로 프랑스 파기원에서 과다노출죄를 확정받아 최종 패소한 이 활동가는 유럽인권재판소에 제소한 상태이다.

법정 싸움과 살해 위협은 계속되고 있지만 페멘은 목소리를 내야 하고 행동이 필요할 때 어김없이 상의를 벗고 구호를 적

---

9 토마 페루·아녜스 트리쿠아르, 「페멘의 몸은 정치적이 될 수 있는가 Le corps des Femen peut-il être politique?」, 『리베라시옹』, 2019년 2월 19일.

어 기습적으로 나타난다. 비교적 최근에 페멘은 파리 한복판에서 "페미사이드(여성살해)를 멈추라Stop féminicide!"는 슬로건과 함께 시위를 벌였다. 올해 상반기에만 프랑스에서 (헤어진 경우를 포함하여) 남자친구나 남편으로부터 살해당한 여성의 수가 60명에 달한다고 한다. 이렇게 희생된 여성들을 기리고자 한데 모인 60여 명의 토플리스 페멘 활동가들은 살해당한 여성들의 이름을 자신의 벌거벗은 상반신에 하나씩 쓰고 국가의 무관심을 규탄하면서 적극적인 방지 대책을 촉구했다. 어김없이 언론의 취재는 뜨거웠고 그 이미지와 메시지는 퍼져나갔다.

　페멘을 이해할 때 주의해야 할 가장 중요한 점이 있다. 페미니즘이 유행처럼 번지면서, 여성의 권리 신장과 평등한 사회 구현을 위한 긍정적인 변화도 일어나고 있지만, 한편에서는, 남성에 대한 극단적 적대와 이에 반발하여 맞서는 '여성혐오'와 같은 어두운 그림자가 공존하고 있다(최근에는 뚜렷한 활동을 보이지 않고 있지만, 페멘을 공격하고 페멘이 추구하는 투쟁과 정반대의 투쟁을 진행하는 가톨릭 계열의 극우남성단체 호멘Homen도 생겨났다. 이들은 상의 탈의한 몸에 슬로건을 쓰는 페멘의 방식을 모방했지만, 얼

굴은 하얀 마스크로 가리고 등장했다).

　그렇다면 페멘의 궁극적 목표는 가부장제를 파괴한 뒤, 반대로 여성의 우월함을 주장하며 모계사회를 건설하는 것일까? 전혀 그렇지 않다.

　우리가 만들 새로운 세상에서는, 억압받는 자도, 탄압하는 자도, 폭군도 없을 것이다. 평등하고 정의로운 세상을 위한 우리의 여성주의적 계획에는 보복이라는 목표를 이루고자 누군가를 지배하거나 무력화하려는 의도는 결코 없다. 우리의 여성주의는 남성 중심적 체제에 대해 요구되는 증오이지, 남성들 자체에 대한 증오가 아니다. (81~82쪽)

　페멘이 추구하는 절대 가치이자 이상은 바로 '평등'이다. 즉 페멘의 적은 '남성'이 아니라, 남성이라는 한쪽 성性이 여성이라는 다른 한쪽 성을 억압하고 지배하게 만든 가부장제라는 '체제'이다. 그렇기 때문에 페멘의 선언문에는 '여성주의'라는 단어와 더불어 '인간주의'라는 단어가 등장한다. 가부장제의 첫 번째 희생자는 여성이지만, 고정된 역할을 강요받는 남성 또한 희생자가 될 수 있다는 입장이다(하지만 페멘 행동의 전면에는 여성이 주도적으로 나서야 한다는 원칙을 갖고 있다).

이런 이유로 페멘은 오직 여성들을 위한 일에만 나서지 않는다. 인종차별, 외국인혐오, 극우세력, 파시즘, 종교 근본주의에 맞선 투쟁에 함께 참여하고 있다. 페멘은 "모든 형태의 지배에 대한 투쟁이야말로 평등한 체제의 전 존재 가능성을 위하여 절대적으로 필요한 조건"(41쪽)임을 믿고 있기 때문이다. 가부장제로 대표되는 인간 차별적 제도를 타파하고 모든 존재가 그 자체로 평등한 개체로 살아가는 사회, 이것이 바로 페멘이 꿈꾸는 유토피아이다.

이를 위하여 페멘은 '연대'와 '책임'을 강조한다. 불공정하고 불평등한 현실을 자각하고 평등한 세상을 만들어야 하는 책임, 가부장제의 희생자인 여성들은 물론이고 모든 억압받는 존재들에 대한 연대와 책임감을 끊임없이 상기시키면서, 페멘은 새로운 이타성을 정립하고 타인과 더불어 살아가는 사회를 함께 만들자고 호소한다.

*

2015년 『페멘 선언』이 프랑스에서 발간되기 직전, 페멘의 리

더 인나 셰브첸코는 페멘의 활동가들이 단지 인간주의 이념 때문에 목숨을 위협받고 있지만 그럼에도 불구하고 그 어느 때보다 더 소리 높여 이 이념을 표현해야 한다고 말하며, 『리베라시옹』에 출간 목적을 밝히는 글을 기고한다.

> 이 선언문은 단순히 가부장제 교리에 대한 공격만은 아니다. 이것은 다원주의와 자유에 대한 지지이기도 하다. 발언을 통해 우리의 책임과 마주하자는 호소이다.[10]

수많은 시련과 수난에도 불구하고 페멘의 도발적 투쟁은 동력을 잃지 않고 진행 중이다. 일부 악하고 음흉한 세력을 제외하고 평등이라는 가치 자체에 반대하는 사람은 거의 없을 것이다. 그리고 추구하는 가치에는 동의하지만 상의 탈의라는 투쟁 방식에는 동의하지 않을 수 있다. 다만 번역자로서, 페멘이 고심하여 세상에 내놓은 이 선언문이 이렇게 다른 언어로 번역되어 또 다른 사회의 독자들에게 제대로 소개될 기회를 가짐으로써, 반라로 세상에 나선 페멘의 이념과 진심이 또 다

---

10   인나 셰브첸코, 「페멘: 행동 뒤, 선언Femen:après l'action, le Manifeste」, 『리베라시옹』, 2015년 3월 17일.

른 성적 조롱의 대상으로 전락하지 않고, 페멘의 바람처럼 사람들이 "슬로건 아래에서 이론을, 가슴 아래에서 열렬한 신념을 읽을 수 있기를" 고대하는 마음이다. 이를 통해 페멘이 꿈꾸는 모든 존재가 평등하게 살아가는 사회에 한 걸음 더 가까이 다가갈 수 있길 바랄 따름이다.

2019년 10월
길경선

페멘 선언

1판 1쇄 인쇄 2019년 10월 4일
1판 1쇄 발행 2019년 10월 11일

지은이   페멘
옮긴이   길경선
펴낸이   채세진
디자인   김서영 · 이지선

펴낸곳   꿈꾼문고
등록   2017년 2월 24일 · 제2017-000049호
주소   04031 서울시 마포구 동교로 156-13, 4층 502호
전화   (02) 336-0237
팩스   (02) 336-0238
전자우편 kumkunbooks@naver.com
블로그   blog.naver.com/kumkunbooks 페이스북 /kumkunbks 트위터 @kumkunbooks

ISBN 979-11-90144-03-2 (04100)
      979-11-961736-8-5 (세트)

이 도서의 국립중앙도서관 출판예정도서목록(CIP)은 서지정보유통지원시스템 홈페이지(http://seoji.nl.go.kr)와
국가자료공동목록시스템(http://www.nl.go.kr/kolisnet)에서 이용하실 수 있습니다(CIP제어번호 : CIP2019038664)